一緒にいて楽しい人、感じがいい人の
話し方

スペシャル』編集部［編］

PHP

PHPスペシャル
Special Best Selection

一緒にいて楽しい人、感じがいい人の話し方

人と話すときはいつも緊張する。
思っていることを言葉にするのが苦手。
自分の話はつまらないのではないかと気になる——。

「話すのが苦手」

という人は結構多いようです。
むしろ、「得意」と
言い切れる人のほうが少ないかも……。

自分の考えや思いを、
うまく伝えるにはどうしたらいいのかな。
「一緒にいて楽しい」と思わせる人って、
どんな話をしているのかな。

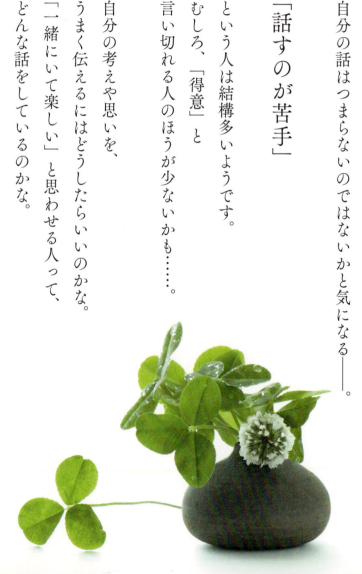

言葉は、毎日使うものだからこそ、
使い方次第で、その人の印象を左右する。

生まれつきの資質は変えられないけれど、
自分なりの持ち味を活かして、
苦手意識を少しでも減らすことができたら……。

話し上手で活躍している人も、
元は口下手だったり、
人見知りだったりするものです。
どうすれば、感じのいい話し方ができるのか、
ちょっとしたコツとひと工夫の数々を
教えてもらいました。

写真：© buichi/ForYourImages

PHPスペシャル
Special Best Selection

一緒にいて楽しい人、感じがいい人の話し方

CONTENTS

誰とでもうまく話せる 会話のキホン

野口 敏

会話中、「こんなときどうしたらいいんだろう」と思うことはありませんか？どんな話題を選ぶ？ どうしたら会話が続く？ など、おさえておくと話しやすくなるコツがあります。コミュニケーションのプロにその基本ポイントを伝授していただきます。

のぐちさとし＊1959年生まれ。コミュニケーションスクール「TALK & トーク話し方教室」主宰。講師として多くの受講生にそのノウハウを伝授しているほか、企業の社員教育・新人研修など幅広く講演活動も行なう。主な著書に『誰とでも15分以上 会話がとぎれない！ 話し方66のルール』（すばる舎）などがある。

イラストレーション：ひやまちさと

天気？ 趣味？ まずはここから話題選び

1 誰もが話せる話題を使う

よく知っている人との会話は別として、なじみの薄い人と話すときは、誰にでも共通する分野から話題を選ぶことをお勧《すす》めします。例えば**「食べること」「着ること」など生活に密着した話題**なら、誰でも話すことを持っているはず。「ランチはふだんどうしているのですか？」「寒さには強いほうですか？」という切り口なら、会話がスムーズに始まりそうです。

エピソードへと広げる 2

「私は運動が苦手」というのなら、**常にそれにまつわるエピソードを語る意欲を持ちましょう。**するとそれに関連する話題も出てくるので、相手に興味を持ってもらいやすくなります。「20歳のときに小2の甥《おい》っ子にかけっこで負けた」なんていうエピソードを披露すれば、話題は「甥っ子」や「運動不足」などへとどんどん発展するのです。

プライベートに切り込む話術 3

「結婚しているの？」「付き合っている人は？」とはなかなか聞けない世の中です。でも**エピソードを絡《から》めて、ついでのように聞かれると、人は簡単にプライベートなことを語ってくれるもの**です。「お昼はいつも中で食べているの？」などと聞けば、「妻が弁当を作ってくれるもので」と結婚していることを教えてくれることもあります。家族の話になれば「何人家族ですか？」とさらに聞いても違和感なく、プライベートなことを教えてくれるでしょう。

4 気持ちをプラスして表現する

「明日、上司と二人で焼き肉に行くことになった」という話をしたら、その後に必ず**「なので、気が重い」とか「楽しみだ」と気持ちを付け加えるようにします。**気持ちは人の想像力を大きく刺激して、話をふくらませる力を持っています。そうしてもらえると相手も、「どんな上司？」「おごり？」「仕事で何かあったの？」と聞きやすく、話が発展するでしょう。

話を広げる質問のコツ

1 打ち解けていないうちは「YES」「NO」ですむ質問から

以前私が訪れた寿司店で、若い女性の板前さんが店主の横で調理をしていました。何と話しかけようかと迷いましたが、「OL さんとは違うご苦労もおありでしょう」と話しかけてみました。**答えが「YES」「NO」ですむ質問は、初対面の相手も困ることなく、リラックスして返事ができます。**そこから心も開かれて、話がはずみはじめるものです。

2 決めつけ質問はしない

会話が苦手な人は「結婚していたら男の人も家事分担があって大変かと思うのですが、残業続きのときはどうしているのですか？」とやってしまいがち。「結婚したら家事分担するもの」と決めつけ、それを前提に質問をすると、相手から「私は家事はしないので」と返されたら言葉に詰まってしまいます。**勝手に決めつけずに「家事はどうされているのですか？」と素直に聞く**ほうが相手も会話を広げる協力的な返事ができるのです。

3

相手を主役にした質問を心掛ける

「料理教室に通いはじめた」と言われたら、多くの人は「どこの教室？」とか「どんな先生？」と料理教室を主体にした質問を投げがちです。でも聞かれたほうはそんなに嬉《うれ》しくはありません。こういうときはどんな話題でも、相手を主役にした質問を心掛けましょう。**「お得意の料理は？」「どなたに食べてもらうの？」といった質問**なら、エピソードがどんどん出てきて話がはずむこと間違いありません。

4

想像力を発揮して質問する

会話は想像力を駆使して行なわれています。「最近、落語にはまっていて」と言われると、「誰の落語が好き？」などと聞いてしまいそうです（この質問も悪くはありません）。でも会話が縦横に広がるのは、想像が大きく広がったとき。落語にはまった**その人から想像をふくらませてみましょう。すると「彼女（彼）や家族の反応はどう？」といった質問が思いつきます。**落語好きになった彼を周りはどう見ているかを聞くのです。話は思わぬ展開を見せますよ。

複数で話すときのコツ

1

みんなが入りやすい話題を選ぶ

複数で話をするときに注意しないといけないのは、そこにいる全員が会話に入れるよう意識することです。ですから話題は全員が入れるものを選ぶこと。よその会社の人がいるのに、自社内の話などを長々とするのはマナー違反です。**「サンタクロースがいると何歳まで信じていたか」「寒くなって暖房器具を出すのはいつごろか」**という話なら誰でも参加できますね。そこからみんなの人柄や暮らしぶりがわかるような話に広げれば、全員が楽しめるでしょう。

2

話題がわからない人には、解説しながら進める

どうしても内々の話をしたいときは、そこにいる人たちが話を理解できるよう解説付きで話をすることです。同じ会社の人が自社内の話をはじめたら、そこで話を止めて**「これはうちの会社のもめ事なんですけどね、課長と部長が仲が悪いんですよ。その矛先《ほこさき》が私と彼に回ってきましてね。**そんな話なんです」とそこにいるみんなに説明してから話を再開してもらいます。これだと全員が話を理解できて、みんなが興味を持って話を聞けるはずです。

大きな反応を返す 3

複数での会話が苦手という声をよく耳にします。そんな人は「どんな話題ならみんながこちらを向いてくれるのか」と考えがち。こんな人は誰かがしゃべっている間は、うかない顔をしているものです。それだとしゃべっている人は話しにくいし、話も振りにくい。だから会話に余計入れなくなります。ところが**大きく反応し、笑ったりうなずいたりしてくれる人には話が向けられるもの。**自分ばかり話そうとせず、みんなが話しやすくなるようにするのがコツです。

4 話に入れていない人にうまく話題を振る方法

複数で話をすると、話に入ってこられない人も出ます。「あの人あまり話してないな」と感じたら、いい方法があります。それは今話題にされていることを、その人に投げてみること。「男は自分勝手」「女は男の落ち度を作るのがうまい」なんていう話で盛り上がっていたら、**「〇〇さんはどう思う？」とか「そんな経験あります？」と話を振ってみます。**するとその人にもチャンスが回ってきて話に入れます。これは優しい人の会話術とも言えます。

会話というのは第一にお互いを知るためにあるものと、私は考えています。まず大事なのは「何を伝えるのか」。互いを知るために会話をするのですから、いつまでも「天気」や「テレビ、ネットなどの情報」だけで話をしても意味がありません。「私はこんな人」という切り口をたくさん持っている人は、会話もはずむし相手に自分のことをわかってもらえます。

例えば、「今年もあとひと月あまり」という季節の話になると、すぐに「私は今年、全然活躍してないな」と「私の話」に広げます。これで自分のことを相手に知ってもらえますね。すると「あなたは今年、活躍した感じある？」と相手に話を振ることもできます。そうなれば相手も自分の話をしやすくなるでしょう。「私は今年、父親に初めて反抗してやったよ」なんていう話になれば、二人の距離はますます近くなります。

会話の重要ポイント2つめは、相手を尊重する気持ちを伝えることです。

「父親に初めて反抗した」という人に、「どんな反抗をしたの？」と聞く前に、「そりゃすごいことだよ。活躍したね」と相手の気持ちを受け止めてあげることが、相手を尊重することです。つまり共感することですね。これができると相手は「大事にしてもらっている」と感じて、あなたとの絆《きずな》がさらに深まります。

会話が苦手な人というのは、自分を伝えるのが下手な人です。自分には人に伝えることなどないし、もし自分を伝えたら嫌われてしまうという恐れを持っているはずです。

会話がうまくなりたければ、まず自分に興味を持つこと。自分を見つけたらそれを誰かに話すこと。同様に、相手にも興味を持つことです。そのうえで相手の話に共感できたら、もう会話に心配はいりません。

あなたの会話の「持ち味」は？

話し方の魅力はいろいろあるもの。あなたの場合、どんな持ち味が周囲の人を惹《ひ》きつけるのでしょう？

〈スタート〉から始め、答えの指示に従って次のコマへと進んでください。

〈「B－3へ」とあれば、横の列のBと縦の段の3が交わるコマへ進むことを示します〉

A

スタート

1
「早春」からの連想、よりしっくりくる方は？
＊卒業式などの行事…B－3へ
＊梅などの春の花…C－2へ

2
罰ゲーム、より受けたくないのは？
＊ナース服を着るなどのコスプレ…診断Cへ
＊人前で好きな異性の名を大声で叫ぶ…診断Dへ

3
早春に仲間とレジャーを楽しむなら、どっちのプランに賛成？
＊春スキーやスノーボード…C－3へ
＊イチゴなどの果物狩り…B－5へ

4
受け狙《ねら》いの発言や振る舞いは？
＊けっこうする…診断Aへ
＊あまりしない…診断Bへ

5
プラネタリウムに行くとしたら、主な理由は？
＊星や宇宙のことを知りたいから…B－1へ
＊ロマンや宇宙の神秘に浸《ひた》りたいから…B－4へ

テスト作成：ハート＆マインド　イラストレーション：前田まみ

C

○○ガールを気取るなら、どっちにする？
＊山…B－5へ
＊森…B－1へ

テレビをつけたらマグロの解体ショーを放映中、どうする？
＊ちょっと見てみる…C－1へ
＊すぐチャンネルチェンジ…A－5へ

プライベートのメールの文章、長さは？
＊すごく短めが多い…B－2へ
＊けっこう長めが多い…A－4へ

小説を読んだり、ドラマを見たりすることは？
＊あまりない…A－2へ
＊よくある…診断Dへ

高校生までに、クラス委員長や生徒会役員を務めたことは？
＊何度もある…診断Bへ
＊ない、もしくは一度だけある…診断Cへ

B

小学生のとき、勉強は？
＊ガリ勉だった、もしくはけっこう熱心にやった…C－5へ
＊あまりしなかった、もしくはある程度はやった…A－2へ

コンパやグループレジャーの言い出しっぺになることは？
＊けっこうある…診断Aへ
＊ほとんどない…A－4へ

どちらかのアルバイトをするとしたら？
＊デパ地下で食品販売…A－3へ
＊在宅でデータ入力…C－1へ

悩みを家族や親友などに相談することは？
＊あまりない…A－2へ
＊わりとある…C－4へ

子どものころ、遊園地は？
＊大好きでよく行った…A－4へ
＊たまに連れていってもらった程度…C－5へ

←診断は次ページへ！

診断 あなたの「話し方」は何タイプ？

A 芸人タイプ

頭の回転が速く、舌の滑りもとてもスムーズなあなた。性格的にも陽性でノリのいいタイプなので、話題は次々と出てくるし、打てば響くような受け答えもできるのでは。そんなテンポのいい話し方こそあなたの一番の持ち味です。それに、ユーモアセンスがあって言い回しも面白いので、相手は名人の落語や漫才を聞いているかのような心地良さを覚えるはず。憂鬱《ゆううつ》そうな人を目にしたら、ぜひジョークを口にしたりして気持ちを引きたててあげましょう。またコンパやデートが白《しら》けそうになったらすかさず新たな話題を持ち出して。たとえ独演会っぽくなったとしても、あなたの名調子に異を唱える人はいないはず。

B 弁護士タイプ

理屈に強く、物事を筋道立てて考えることが得意なあなた。どんなときでも自分の思いや考えを理路整然と説明できることでしょう。そのうえ、落ち着きがあって冷静さをなくさない人なので、周囲と意見が対立しても無《む》闇《やみ》にエキサイトすることなく、最後まできちんと話し合って妥当《だとう》な結論に到達することが多いはず。そうです、あなたの会話の持ち味は、ズバリ、抜群の説得力にあると言えます。その能力を、自分のためだけでなく、人のためにも生かすようにすると、多くの人に感謝され人望が高まるはず。職場やサークルで、迷っている人に助言したり、さまざまな意見の調整役を買って出たりするとよいでしょう。

C スポーツ選手タイプ

誠実で飾らない性格のあなたは、いつでもどこでもありのままの自分を出してはばかることがないはずです。人と話すときも、口数少なく、本当に思っていること、考えていることしか口に出さないことでしょう。そんなあなたの誠実味あふれる訥々《とつとつ》とした話し方は、周囲の人に安心感を与えずにはおかないはず。たとえ厳しいことをズバッと言っても、相手は反感を抱くどころか、「よく言ってくれた」と感謝することが多いでしょう。とりわけ、人は目上に対してイエスマンになりがちなので、あなたのような人はとても貴重。これからも本当のことをはっきり言う人として職場などに居続けてほしいもの。

D セラピストタイプ

心が温かく同情心あふれるあなた。悩んでいる人を見ればなんとかしてあげたいという気持ちが働くはず。ただし、控えめで出しゃばるタイプでないだけに、相手の心をこじ開けるようなマネは決してしません。あくまでも打ち明けてくるのをじっと待ち、話してきたら、まるでセラピストのように相手の気がすむまで聞いてあげる。ズバリ、聞き上手こそ、あなたの会話における最大の持ち味です。これを、悩める人のみならず、話の輪に入れずにいる人のために生かしたりすれば、交友の輪の拡大におおいに役立つはず。パーティーで壁の花になっている人がいたら、そっとそばに立って何気なく笑顔を向けたりしてみては？

相手のタイプ別

言いにくいことの伝え方&フォロー術

言いたいけれど、なかなか言えない不満や本音。
それは、人間関係にカドを立てたくなかったり、
誤解されたくないから。
でも、少し言い方を工夫するだけで、
自分の気持ちを伝えることができるんです。

話し方研究所　会長
福田 健

本心を言ったほうが信頼される

「こんなことを言ったら嫌われるんじゃないか」

そんな思いから、自分の気持ちをなかなか口に出せないという悩みを抱える人は多いものです。

でも、そんな人にまず伝えたいのは「本心を言ったほうが信頼される」ということです。我慢や不満は、いっときは心の奥に溜《た》め込めても、態度や表情など、意識していない部分にどうしても出てきてしまうものです。

本音を言ったからといって、急に怒り出すような人はまずいません。大切なのは、伝え方なのです。感情的になりすぎず、自分を客観的に見る余裕を持って、気持ちを伝えてみましょう。相手もきっと、冷静に受け止めてくれるはずです。

ふくだたけし＊話し方研究所会長。著書に『“大人の気づかい”ができる人の話し方』（三笠書房）他多数。

挨拶にひと言加えてみる

また、日頃から「会話をし慣れておく」ことも大切です。普段から雑談で周りの人とちょっとしたコミュニケーションを取るよう心がけておけば、「言いにくいこと」もグンと言いやすくなります。雑談は苦手という人は「おはようございます。このところ暖かくなってきましたね」など、「挨拶《あいさつ》＋ひと言」を心がけるだけでもいいのです。そうすれば、相手も普段からあなたに親近感を持ち、いざというときにあなたの気持ちを受け止めてくれる可能性が高くなります。

3回に1回は自分の気持ちを表すようにする

「そうは言っても、なかなか不満を口に出せない」という人は、相手に対して遠慮をしすぎているのかもしれません。相手を慮《おもんぱか》るのはとても大切なことですが、考えすぎると逆に何も言えなくなってしまうものです。3回に1回は自分の気持ちを表してみる、親しい人を相手に練習してみるなど、できることから少しずつチャレンジしてみましょう。

また、ひとたび不満を言い出すとついつい感情的になってしまうという人は、ひと呼吸おいてお茶を飲む、深呼吸をするなど、自分なりに冷静さを取り戻す方法を見つけておくと良いでしょう。

大切なのは「慣れ」と「伝え方」です。率直に不満を表すことは、必ずしも相手への批判や否定にはつながりません。勇気を出して、一歩を踏み出してみてください。

取材・文：編集部　イラストレーション：イチカワ エリ

1 やたらと頼みごとをしてくる人

魔法のフレーズ

ごめんなさい。今○○と△△をしていて手があかなくて。お役に立てず残念です

NG そんな、無理です……。今忙しいのに

断るときは感謝の気持ちを持ちながら

断るときは、最初に「ごめんなさい」というひと言を入れることで、相手のショックを和《やわ》らげることができます。次に、引き受けられない理由をなるべく具体的に伝えましょう。最後に「せっかく頼ってくれたのに残念」という気持ちを伝えれば完《かん》璧《ぺき》です。お願いごとをされるというのは、頼られている、ということ。まずはそれをありがたいと思うようにしましょう。「迷惑だな」と思って断ると、その気持ちが相手に伝わってしまいます。

フォローの一手

「この間はすみませんでした。また遠慮なく言ってくださいね」

後日、お詫《わ》びのひと言を。そのとき、「○○なら手伝えます」「月の後半は忙しくなりますので……」などと自分の事情を伝えておけば、今後も無理なお願いはされないはず。

02 根掘り葉掘り詮索してくる人

魔法のフレーズ

そうそう、その話で思い出したんですけど……

NG さあ、どうでしょう

素早く別の話題をふって

聞かれたくないプライベートの質問や、言いたくない事柄をしつこく聞いてくる人に対しては、こちらが会話の主導権を握ってしまいましょう。「今会社で大変な状況の人がいてね。どうしたらいいと思う?」など、自分とは関係のない話題を用意しておき、相談ごとをふってしまうのも手。何かしら意見を言わせてあげれば相手も満足するはずです。こちらが話題を提供する側に回れば、予想外の質問で不快な思いをすることも減っていきます。

フォローの一手

「○○のこと、教えてください」

とはいえ、自分が話し手になると話が続かない……。そんな人は、相手の得意分野や好きなことに話をふってみましょう。相手も喜んで答えてくれるでしょう。

3 飲み会や二次会に強引に誘ってくる人

魔法のフレーズ

(きっぱりと)今日は○○なので失礼させていただきます！

NG あ〜、今日はちょっと……

きっぱりとした態度を見せる

ポイントは、笑顔と毅然《きぜん》とした態度。強引に誘ってくる人は、「この人なら無理がきく」と思っているから、しつこく誘うのです。相手に悪印象を与えないよう、笑顔を絶やさず、言葉使いは丁寧に、同時に隙《すき》のない態度できっぱりと断りましょう。具体的な理由は、何でも構いません。「これ以上言っても無駄だな」と相手に感じさせることが大切です。飲み会の席では、立ち上がって挨拶し、さっさと帰り支度をしてしまうのも効果的です。

フォローの一手

「昨日は失礼しました。誘っていただいてありがとうございました」

翌日顔を合わせたら、開口一番にお詫びとお礼の言葉を伝えましょう。「どうしても都合が悪くて……」などの説明は言い訳がましくなってしまうので必要ありません。

4 愚痴や悪口ばかりを口にする人

魔法のフレーズ

私、よく分からないもので

NG そういう言い方、良くないと思います

悪口を言う人の気持ちを汲《く》んであげる

相手は「気持ちを聞いて欲しい」と思って愚痴《ぐち》や悪口を言っています。不満をちゃんと聞いてもらえるのは、誰にとっても嬉《うれ》しいもの。真っ向から反論しては、「分かってくれない」と逆に批判されてしまう恐れも。かといって一緒になって悪口を言えば後々噂《うわさ》になりかねません。相手の気持ちに寄り添いつつ、意見を求められたら「そうねえ……」などの言葉でお茶を濁《にご》すのが得策。あまり長く続くようであれば、話題を変えてしまいましょう。

フォローの一手

「おはよう、調子はどうですか？」

このように明るくひと言伝えましょう。話を蒸し返さないので、相手は安心し、あなたに好印象を持ってくれるでしょう。

あなたの話し方は相手にどんな印象を与えている？

話し方は人の印象を大きく左右します。はたしてあなたの話し方はどんな印象を与えているでしょうか？　次のチャートをスタートから始め、矢印の指示通りに進んでください。

Yes or a
No or b

スタート

巣穴から小動物が顔を出しました。様子をうかがったあと、どうするでしょう？
a ▶巣穴に引っ込む
b ▶外へ飛び出す

失恋などを機に、髪をバッサリ切ったことは一度もない

今年になってすでに２回以上、泊まりがけの旅行をした（社用は除く）

香水が好きで、けっこうしっかりつけるほう

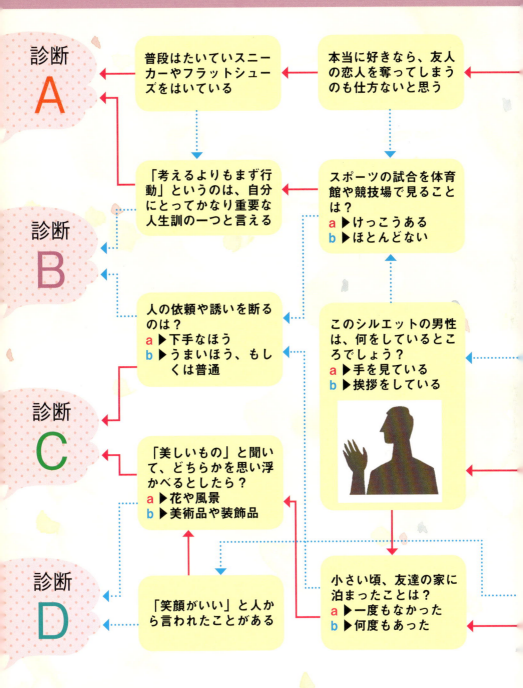

本当に好きなら、友人の恋人を奪ってしまうのも仕方ないと思う

普段はたいていスニーカーやフラットシューズをはいている

スポーツの試合を体育館や競技場で見ることは？
a ▶けっこうある
b ▶ほとんどない

「考えるよりもまず行動」というのは、自分にとってかなり重要な人生訓の一つと言える

このシルエットの男性は、何をしているところでしょう？
a ▶手を見ている
b ▶挨拶をしている

人の依頼や誘いを断るのは？
a ▶下手なほう
b ▶うまいほう、もしくは普通

小さい頃、友達の家に泊まったことは？
a ▶一度もなかった
b ▶何度もあった

「美しいもの」と聞いて、どちらかを思い浮かべるとしたら？
a ▶花や風景
b ▶美術品や装飾品

「笑顔がいい」と人から言われたことがある

診断A

診断B

診断C

診断D

テスト作成：ハート＆マインド　イラストレーション：石村紗貴子

あなたの話し方が人に与える印象はこれ！

診断A

はっきりして気持ちいいけど、裏目に出ることも…

勝ち気で自由奔放なあなたは、口調がけっこうきついほうだし、敬語などをきちんと使わないことも少なくないはず。このため〝口が悪い〟という印象を、初対面の人を含め多くの人に与えてしまい、親睦《しんぼく》の場に誘われない、上司や先輩にかわいがってもらえないといったソンを招いてしまいがちです。ただ、あなたの率直さは一部の人から「はっきりしていて気持ちがいい」と好感を持たれる可能性も残しています。というわけで、あなたが話し方でトクをするためには、はっきりものを言うのはいいにしても、そこに相手に嫌な思いをさせないようにといった配慮や思いやりをこめた表現を心がけるのがキーポイントになるでしょう。

診断B

頭が回り、話し上手。「口がうますぎ」ととらえる人も…

頭が回り、社交性に富んだあなたは、誰とでも気軽にコミュニケーションが取れるし、必要とあればお世辞《せじ》や社交辞令もためらうことなく口にするはずです。そんなあなたは、相手に「話し上手な人」という印象を持たれるのは間違いありません。多くの人から交流を求められたり、いい話を聞かされたりするでしょう。ただ、その一方で「口がうますぎてついのせられてしまう」といった思いを人に抱かせ、それが元で敬遠されることがなきにしもあらずという一面も……。これを防ぐには、自分ばかり話さず、相手にも十分話させてあげること、自分の思い通りにしようという気持ちを抑えることの2点がポイントになるはずです。

診断C

落ち着いた話し方が好印象。ときには明確さを心がけて

気持ちが穏やかでおっとりした性格のあなたは、ぺらぺらとまくし立てることはないし、角が立つような表現も極力避けることでしょう。落ち着いてゆっくりと話し、口調も女性らしいやわらかさが目立つので、相手にとって非常に聞きやすく、多くの人から好感を持たれるはず。話し方一つで男性を魅了することさえあるでしょう。ただ、あえて問題をあげるとすれば、自分の気持ちや考えを明確に伝えなければいけないときにも「〜みたい」とか、「〜かと思われます」などと曖《あい》昧《まい》な言い方をして、「自信がなさそう」などと思われてしまいがちな点。ここぞというときは、はっきりと断定口調で話すように心がけるべきでしょう。

診断D

シャイなあなたは、聞き役としてのテクニックを磨いて！

シャイで緊張しやすいあなたは、自分から話しかけることは少ないし、相手から話しかけられても二言三言で終わってしまうなど、あまり話が弾まないはず。このため〝無口な人〟〝口ベタな人〟と思われて、周囲との会話が希薄《きはく》になり、孤立感を深める恐れが……。そんなあなたにお勧《すす》めなのは、相手の話に集中する、相手と視線を合わせる、相手の話のリズムに合わせてうなずいてみせるなど、聞き役としてのテクニックを磨くこと。

人は誰でも自分の話を聞いてほしいもの。その欲求を満たしてあげれば印象アップは確実です。話しかけられる回数が増えるにつれ、あなたの口も開きやすくなり、トクする機会に恵まれるようになるはず。

「もうあがらない！話し方・秘密のコツ」

ラジオDJ／パーソナルモチベーター
麻生けんたろう

あそうけんたろう＊ＦＭりべーる取締役。株式会社アルマテックネット取締役。株式会社アイディアサンタ取締役。北海道のラジオ局を中心に喋り手として活躍中。コミュニケーション力を磨くための個別指導や勉強会を主宰。著書に『「しゃべる」技術』（WAVE 出版）、『さようなら！「あがり症」』（同文館出版）他がある。
公式サイト :http://www.asoukentaro.com/

あなたはなぜ「あがる」のか？

ボクは今でこそラジオパーソナリティーとして話す仕事をしていますが、もともとはあがり症のサラリーマンでした。大勢の前ではもちろんのこと、特に部長や課長といった目上の人の前では何を話していいのかわからなくなり、大事な商談を何度も台無しにしています。そんな恥ずかしい自分とさよならできたのは、「あがり」を封じ込める心の捉《とら》え方を身につけたからです。たとえば、友人から結婚式の司会を頼まれたとしたら、あなたは、こんなことを考えたり感じたりはしませんか。

◎経験もないのに司会なんてとても無理だ
◎想像しただけで足が震えてしまう
◎もし、失敗したらどうしよう

他にも「大勢の前で恥をかきたくない」など、つい、条件反射的にこんな考えが浮かんできませんか？　でもこれらはあくまでも「思考」や「感情」からきているものです。全て、現実に起きたことではありません。にもかかわらず、この状態のまま本番を迎えれば、足がガクガク震えたり、冷や汗が出たり、頭に血が上《のぼ》ったりして、平常心を失います。これが「あがり」の正体です。

つまり、あがりの根本的な原因は心の捉え方にあって、そこから体にも影響が現れてくるのです。大勢の前で話すことになったとしても「気にしない」「気にならない」という心の捉え方さえできれば、一瞬にして「あがり」の悩みは消えてなくなります。

しかし、それができないから困ってしまうのですよね。そこで、意識してもできないことはひとまず横に置いておいて、逆に意識してできることだけをやってみましょう。朝礼で一言話すだけでもドキドキしてしまうのなら、その内容を、まず家族や親友に話してみる。話す内容で悩んでいるのなら、新聞を見る、ラジオを聴く、雑誌を読むなど、今のあなたにできることがたくさんあるはずです。それを、ただやっていくだけ。すると、過去や未来を心配する心の捉え方が減る分、あがりを3分の1に抑えることができます。

イラストレーション：青山京子

初対面の人と

Point 相手に興味津々になる

あがりやすい人にとって、新しい環境での第一歩ほど緊張するものはないでしょう。「私にどんな印象を持つかな」「上手《うま》く溶け込めなかったらどうしよう」などと、これからの人間関係を不安に思ってしまうからです。しかし、そんな不安を持つのは決してあなただけではありません。そもそも、まったく知らない人と面と向き合えば、誰だってドキドキするのは当たり前です。つまり、相手だってあなたとのファーストコンタクトに緊張しているのです。そこに気づけば、自分の印象を良くしたいというよりも、相手の不安を取り除いてあげたいという心の持ち方に変わってくるでしょう。

すると、意識が自分の内側ではなく外側に向かうようになるので、緊張していたことなど忘れてしまうのです。

あがらないようにする最大のコツは、どんな方法であれ外側に意識を向けることです。「新しい部署に馴染《なじ》めなかったら……」「つまらない人と思われたら……」ではなく、「この人の役に立つことは何だろう?」「習いごとを始めたきっかけは何かな?」と、どんどん気持ちのベクトルを外側に伸ばしていって下さい。そうすれば、笑顔で、自然に接することができるようになります。

趣味のサークルの飲み会で

Point

「今この瞬間」を話題に

席の隣が初対面だったり、何回か挨拶《あいさつ》を交わした程度の相手だったりすれば、どうやってこの場をはずませようかと悩むものですよね。たった2時間前後で対人関係の進展を求められることもあります。しかし、そう思えば思うほど、何か話さなければというプレッシャーに襲われて、あがってしまいます。特に異性がたくさんいる会ならなおさらでしょう。

そんな中で、あがらずに話せるようになるためには、最初から無理をしないこと。まずは、「はじめまして、〇〇です」「お疲れさまです」と普通に挨拶から始めて下さい。そして、その時の相手の反応を見て、嫌がっていなければ「このお店、はじめて来たんですけど、雰囲気いいですよね」「同じサークルなのに、こうやってお話するのははじめてですよね」と、「今この瞬間」を話題にするのです。初対面の場合、共通点探しに苦労するものですが、今一緒にいるこの瞬間であれば、それだけで共通の話題となります。会話が続かないからとあせって「好きなスポーツは?」「お仕事は?」と無理やり質問をする必要はありません。自分の気持ちを少し出す。相手もちょっとだけ気持ちを交わしてくる。そうやって徐々に打ち解けていく姿勢があれば、あがらずに自然に話せます。

ためのヒント

結婚式など、大勢の前でのスピーチ

Point
新婦の魅力を訴えるつもりで

社会人にもなれば、知人の結婚式でスピーチをする機会も出てきます。こればっかりは、いくらあがり症とはいえ、断るわけにはいかないでしょう。心の底から祝いたい――。でも、本番で頭が真っ白になったらどうしようとも思う。誰もがあがってしまう原因の一つに経験不足がありますが、スピーチも同じです。今の実力と自分が理想とする状態との差に開きがあるほど、不安を感じるものです。けれど、この場合でも、いかにあがらないように話すかではなく、「新婦（新郎）の魅力を1人でも多くの人に伝えたい！」と気持ちを外側に伸ばして下さい。できれば、訴《うった》えようとするくらいでちょうどいい。人は何かをがむしゃらに語っている時ほどあがらないからです。あなただって泥棒に間違われたら、必死になって真実を話すでしょう。そんな時、あがり症のことなど、これっぽっちも頭にないはずです。訴えようとするものがあれば、気持ちは自然に外側へ向かいます。後は、その気持ちを人だけでなく、会場全体にも伸ばしましょう。

マイクの前で「あの天井だって、壁だって、全《すべ》てが自分の体の一部なんだ」とイメージするのです。たとえば、山頂で「ヤッホー」と叫んだ後に感じる、あの一体感と同じくらい気持ちを伸ばせた時、あなたの体は相対的に大きくなっているので、大勢の前でもあがらなくなるのです。

Point

最初のデートで「一言レビュー」で話がはずむ

せっかく好きな相手ができたのだから、おしゃべりを楽しみたい。あるいは、自分の気持ちがよくわからないうちに約束してしまったデートでも、気後《きおく》れせずに話せたらいいなと思いませんか。

そんな理想に少しでも近づくためには、事前の準備と会話力が欠かせません。試験と一緒です。ちゃんと相手の趣味や得意なスポーツ、仕事内容、出身地など、知り得る範囲だけでも学習しておけば、落ち着いて臨《のぞ》めますよね。また、自分から話すのが苦手でも、「しゃべらない技術」＝「聞き手の立場で会話をはずませる力」があれば、デート中、気まずい雰囲気になることもありません。なかでも、〝一言レビュー〟は今すぐできる有効な技。

相手「ここ、前から来たかったんだ」

あなた「そうなの？」

相手「ソムリエが九星気学を使って、僕たちにぴったりなワインを選んでくれるんだよ」

あなた「へぇ〜。だから、皆ワインを飲んでいるのね」

このように、あなたの気づき、もしくは感想めいたものを、必ず一言、入れるのです。これが呼び水となって、どんどん話がはずんでいきます。会話が続かない人の多くは、この一言レビューがない。ただのあいづちだけです。テレビのコメンテーターをお手本にすると良いでしょう。

より丁寧に、もっと上品に！

「言い換え」&「使い分け」帳

決まり文句のようになっている言葉ほど、無意識に使ってしまうもの。
でも、失礼になっていたり、相手を戸惑わせたりしている場合も……。
TPOに合わせたスマートな言葉づかいを心がけたいですね。

八坂裕子

基本的なものですが、意外と耳にする間違い。
自分でもうっかり使ってしまっていませんか？

✕「○○さんにお伝えします」

↓

「○○に申し伝えます」

仕事相手に電話をしたが○○さんは出張中。出社は来週だという。「お戻りになりましたらご連絡ちょうだいしたいのですが」と頼むと、「はい、○○さんにお伝えします」という対応。自社のスタッフに“さん”をつけるのはNG。さらに自分の内々の関係者に伝える場合に“お”はいらない。

✕「お体ご自愛ください」

↓

「ご自愛ください」

“自愛”とは、病気などしないよう自分の体を大事にすることだ。すでに“体”を意味したフレーズなので省略するのが正しい。「寒さに向かう折からご自愛ください」「暑さが厳しい季節、どうぞご自愛ください」というひと言で優しさが上品に表現できる。

やさかゆうこ＊詩人。小説やエッセイの執筆に会話の講師も務めるなど、幅広い分野で活躍。『幸運の99％は話し方できまる！』（集英社）、『ココ・シャネル力』（サンリオ）など著書多数。

Check!

NGフレーズ

✕「大丈夫ですか？」

↓

「よろしいですか？」

“大丈夫”とは〈安心していられる〉〈危なげがない〉などの意味。英語の俗語「ＯＫ」と混同して〈承諾〉の代わりに使うのはＮＧ。ブティックの店員が客に「９号で大丈夫ですか？」「（クレジットカードの）お支払いは１回で大丈夫ですか？」と訊《き》くのは最悪パターン。ビジネスシーンで、「この書類で大丈夫ですか？」も大減点。友だちとの会話でも「コーヒーで大丈夫？」より「コーヒーがいい？」という「“大丈夫”はずし」を心がけよう。

✕「お仕事」「おうち」

↓

「仕事」「うち」

“お”というのは、尊敬・丁寧の気持ちを表すときに使う。だから自分の仕事に“お”はつけない。「うち」は自分の家や家庭の意味なのでやはり“お”は不適切。「最近、仕事が面白くなってきたの」「うちでは週末は一家でガーデニングよ」という使い方が正しい。

イラストレーション：くらたにゆきこ

Try!

BETTERフレーズ

誤りではないけれど、もっと気持ちが伝わる表現があります。相手や状況に応じて、より適切な言葉を選べるよう心がけてみてください。

「すみません」→「恐縮です」

骨を折らせたり世話をかけたりしたとき、その労をねぎらい、迷惑をかけた相手に対して詫《わ》びるのが「すみません」だ。〈それでは私の気がすまない〉の丁寧表現なので、目上の人に使っては“敬意”不足。といって、「申し訳ありません」では〈謝罪〉のニュアンスが強すぎる場合、「恐縮です」「恐れ入ります」が適切。

「了解しました」→「承知いたしました」

“了解”は〈わかりました〉〈ハッキリ理解しました〉というニュアンスでの返答になる。目上の人に対しては、へりくだって聞く姿勢が加わり〈つつしんで承《うけたまわ》る〉という意味の“承知”という言葉を使うと、思慮深さが表現される。したがって信頼関係が高まるのだ。

より丁寧に、もっと上品に!

「言い換え」&「使い分け」帳

「がんばってください」→「ご活躍ください」

“がんばる”は〈忍耐して努力する〉という意味。友だちや家族には気楽に使えるが、目上の相手には不向き。悲しみの渦中にいる相手には「どうぞお心強くいらして」とか、挑戦する立場で燃える相手には「ご活躍を！」「うれしいお知らせ心待ちにしております」などと、礼儀正しく励まそう。

「○○と申します」→「○○でございます」

電話で自分の名前（○○）を名乗るとき、相手が面識のない人の場合は「○○と申します」がふさわしい。しかし何回も会っていたり話をしたりしている関係なら、「○○でございます」がいい。

“申す”は“言う”のへりくだった言い方だ。“ございます”は“ある”の丁寧な言い方。「こちらに椅子《いす》がございます」「さようでございます」と日常会話でもさらりと使えたら上品度アップ。

Try!

BETTERフレーズ

「ご遠慮いたします」

「見送らせていただきます」

観劇やコンサートに誘われたとき、招待された場合でなければ、「ご遠慮いたします」では拒絶色が過多で、相手は戸惑う。残念ながら今回はスケジュールが合わず「見送らせていただきます」のほうが柔らかい。また誘いたいという余韻《よいん》が残る。

「お邪魔します」

「ごめんください」

訪問先で相手の妨げになることを先《さき》廻《まわ》りして「お邪魔します」と言うのは親しいゆえのひと言。正式の挨拶語としては「ごめんください」が適切。

「お元気ですか」

「お変わりありませんか」

相手が年上や病気がちのときは「お元気ですか？」と訊かれても即答できないだろう。体の調子はいかがと問うより、取り立てて言うほどの変化はないかと訊くことが望ましい。「最近、調子がいいの。ありがとう」というフレーズが返ってきたりする。答えやすい質問をするのもマナーのひとつ。

「声を変えれば思いはもっと伝わる」

魚住りえ

うおずみりえ＊1972年、大阪府生まれ。元日本テレビアナウンサー。2004年、フリーに転身後、ナレーターなどで活躍しながら「魚住式スピーチメソッド」の教室をスタート。著書に『たった1日で声まで良くなる話し方の教科書』（東洋経済新報社）、『10歳若返る！　話し方のレッスン』（講談社）などがある。

自分の気持ちをうまく伝えたいと思うと、言葉遣いや話し方に注意が向きがちですが、実は「どういう声で話すか」がとても重要です。せっかく話の内容がよくても、声がよくなければ、そもそも話に耳を傾けてもらえないことも。逆に、いい声は話の内容や話し方の欠点をカバーしてくれます。

いい声とは、相手が聞き取りやすく、心地いいと感じる声。明るく伸びやかな声のことです。声は生まれつきのもので、変えられないのでは？　と思うかもしれません。たしかに声を生み出す声帯自体は変えられませんが、声帯やのど、舌の筋肉を鍛《きた》えることでよりいい声が出せるようになります。声が変わって転職に成功した、恋人ができた、結婚が決まった……という人も少なくありません。いい声を手に入れて、楽しくゆたかな人生を送りましょう！

取材・文：鈴木裕子　イラストレーション：井上るりこ

いい声を出すための3つのポイント

1. 腹式呼吸で話す

2. きちんと共鳴させる

3. 滑舌をよくする

いい声を出すためのポイントは三つ。

一つめは「腹式呼吸」です。いい声を出すには肺にたっぷり空気を入れることが大切。そうすると吐き出す空気の量も多くなり、大きく伸びやかな声が出せるように。そのためには腹式呼吸が必要なのです。

二つめは「共鳴」。私たちは、肺に吸い込んだ空気を外へ吐き出すとき、吐く息で声帯を震わせ口腔《こうくう》内で響かせて声を生み出しています。口を開けてきちんと共鳴させることで、誰もが聞き取りやすい声になるのです。

三つめは「滑舌《かつぜつ》」をよくすることです。滑舌とは、舌や口のなめらかな動きのこと。いくらいい声でも、滑舌が悪いとモゴモゴ言っているようにしか聞こえないのです。次ページから、これら三つをマスターするためのトレーニングを始めましょう。

Point.1

腹式呼吸をマスターする

腹式呼吸ができるようになると、声や話し方に関する悩みの９割が解決します。さらに、お腹まわりがすっきりして、脂肪が燃えやすい体になるという、うれしい効果が！　まずは、「腹筋を意識する」ことから始めてみましょう。

腹式呼吸“寝っ転がり”トレーニング

1 仰向けに寝て、まずは自然に呼吸する。息を鼻から吸って、口から吐きながらお腹をへこませる

2 息を吐ききったら、鼻から息を吸いながらお腹をふくらませる

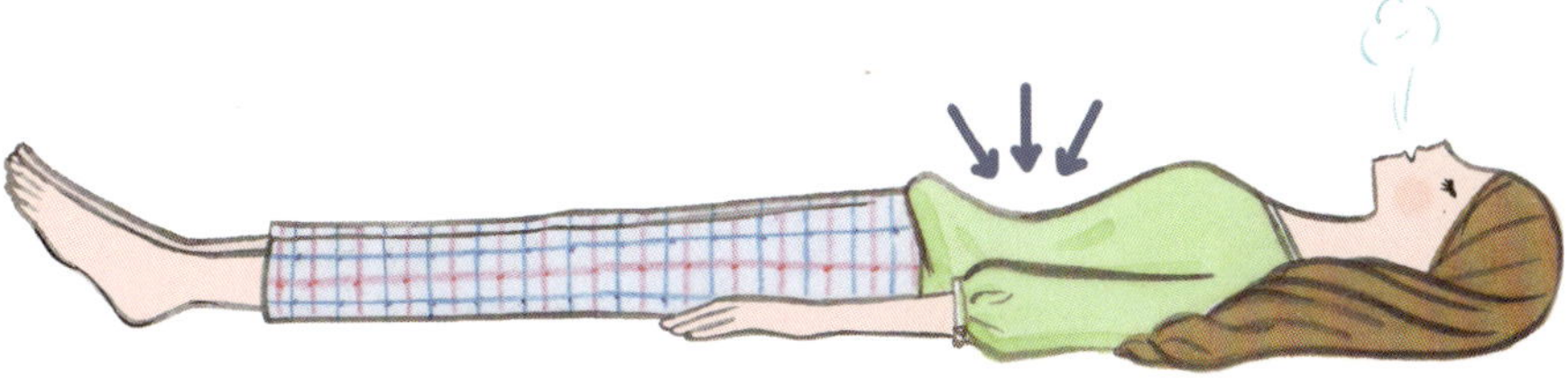

多くの人は、胸で呼吸をしながら話をしています（胸式呼吸）。胸式呼吸は肺を横に広げてすき間をつくり、そこに空気を取り込みますが、肺は肋骨《ろっこつ》に囲まれているため横に広げにくい。すると空気をたっぷり取り込めないので、吐き出す空気の量も多くありません。声の大きさや伸びやかさは吐き出す空気の量や勢いに比例するので、吐く空気の量が少ない胸式呼吸で魅力的な声を出すのはむずかしいのです。

一方、腹式呼吸で話すと吐き出す空気量が多いので、エネルギッシュで伸びやかな、人の心に響く声になります。最初のうちはうまくいかないかもしれませんが、仰向けになり、息を吸うときにお腹を「ふくらませる」、吐くときに「へこませる」を意識するうちに自然と腹式呼吸ができるようになります。

Point.2

一番聞き取りやすい声を知る

「一番聞き取りやすい声」を見つけることができれば、コミュニケーションにおいて、より魅力的な話し方ができるようになります。そのために必要なのは「共鳴」トレーニング。鼻、のど、おでこで空気の振動を感じましょう。

1. 人差し指と中指をそろえ、鼻先に軽く触れる
2. 口を閉じたまま「ム〜〜」とハミングする。低い音から始め、徐々に高くしていく
3. 鼻先に置いた指が最も強い振動を感じた高さが、自分にぴったりの「人が聞き取りやすい」高さの声

※参考『発声と身体のレッスン 増補新版―魅力的な「こえ」と「からだ」を作るために』鴻上尚史（白水社）

声は、声帯が震えて空気を振動させることで生まれます（原音）。「共鳴」とは、原音を口腔（口からのどまでの空間）や鼻腔《びくう》（鼻の穴から咽頭《いんとう》までの空間）、頭蓋骨《ずがいこつ》内の腔《こう》で響かせること。原音をそれらの「どこで共鳴させているか」で声の高低が決まります。一番聞き取りやすいのは鼻腔で共鳴させた声で、中くらいの高さの声。共鳴トレーニングで鼻に振動を感じる声を見つけましょう。それがあなたの「一番聞き取りやすい声」です。明るくハリが感じられ、ビジネスシーンに最適。

また、少人数で大切な話や秘密の話をするときに最適なのはのどに共鳴させる声で、聞き取りやすい声に比べるとかなり低めです。逆に大人数の前で話すときに最適なのは、おでこ付近に共鳴させる声。高く、声量も大きくなります。

Point.3

滑舌をよくする

舌や頬の筋肉をほぐして動きやすくしたり、口まわりを動かすことで滑舌はかなり改善します。さらに、口角を上げて話すことを意識していると自然と舌の筋肉が鍛えられ、言葉が明瞭になり、声も高くなります。

頬の筋肉のストレッチ

両頬に空気をため、フグが興奮したときのように思い切り頬をふくらませる。次に、両頬の内側を吸い込み、頬をできるだけ細くする。これを 10 回繰り返す

唇の動きをよくする

口をつぐみ、ひょっとこのように唇を突き出す。そのまま右、左と交互に動かす。これを 10 往復行なう

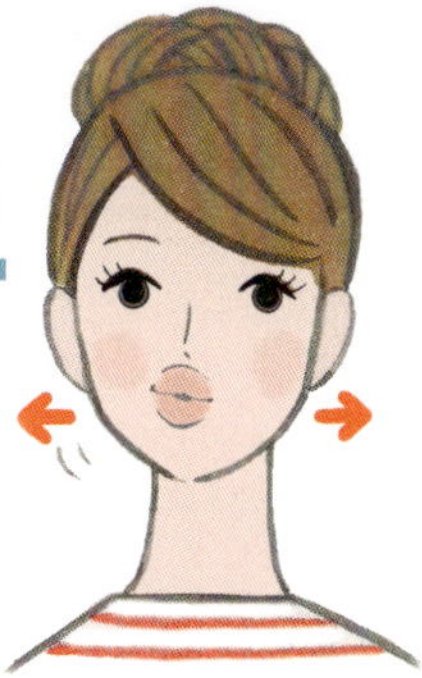

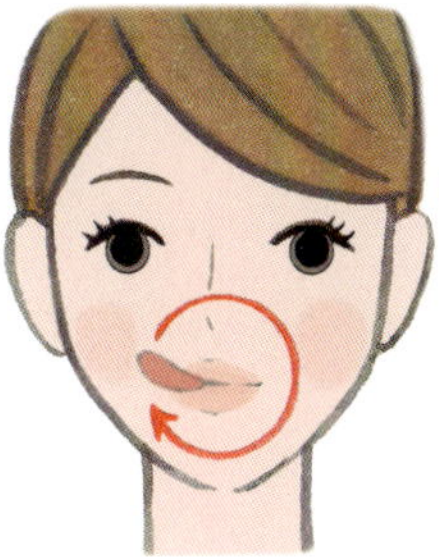

舌のストレッチ

口を閉じたまま、できるだけ大きな円を描くように舌でぐるりと一回り、歯茎をなめる。時計まわりに 5 回、反時計まわりに 5 回行なう

カウント腹筋

立位でも座位でも、どちらでも OK。お腹に手を当て「イチッ、ニッ、サンッ…」と 1 から 10 まで大きな声でカウント。カウントと同時に思い切りお腹を引っこめて空気を一気に押し出し、即座にゆるめる。1〜10 までのカウントを 3 セット連続で行なう

チェックテスト

あなたはちゃんと聞けていますか？

聖徳太子のようにどんな話も聞きもらさない人もいれば、右の耳から左の耳へ聞き流す人も結構いるようです。果たしてあなたは？　さっそくチェックしてみましょう。次のチャートをスタートから始め、答えの指示に従って進んでください。

← Yes or a　　←…… No or b

START

一日に一回は落ち込んだり、後悔したりしている

進んでボランティアに出かけたことは？
a：何度もある
b：ゼロか、一度だけある

食べ物の好き嫌いは？
a：けっこう多いほう
b：少ないほうだと思う

人から「おせっかいね」などと言われることが時々ある

友人や親しい同僚に「家に泊まりに来ない」と言われたら？
a：気軽にOK
b：迷うか、丁重に断る

テスト作成：ハート&マインド　イラストレーション：黒岩多貴子

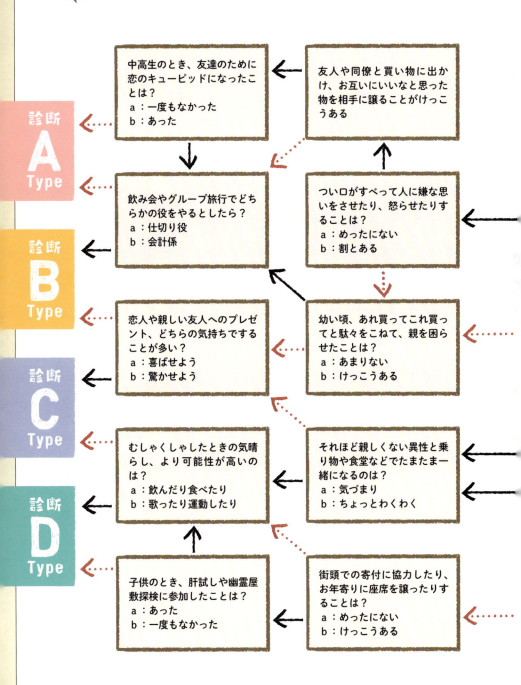

診断 A Type

診断 B Type

診断 C Type

診断 D Type

中高生のとき、友達のために恋のキューピッドになったことは？
a：一度もなかった
b：あった

友人や同僚と買い物に出かけ、お互いにいいなと思った物を相手に譲ることがけっこうある

飲み会やグループ旅行でどちらかの役をやるとしたら？
a：仕切り役
b：会計係

つい口がすべって人に嫌な思いをさせたり、怒らせたりすることは？
a：めったにない
b：割とある

恋人や親しい友人へのプレゼント、どちらの気持ちですることが多い？
a：喜ばせよう
b：驚かせよう

幼い頃、あれ買ってこれ買ってと駄々をこねて、親を困らせたことは？
a：あまりない
b：けっこうある

むしゃくしゃしたときの気晴らし、より可能性が高いのは？
a：飲んだり食べたり
b：歌ったり運動したり

それほど親しくない異性と乗り物や食堂などでたまたま一緒になるのは？
a：気づまり
b：ちょっとわくわく

子供のとき、肝試しや幽霊屋敷探検に参加したことは？
a：あった
b：一度もなかった

街頭での寄付に協力したり、お年寄りに座席を譲ったりすることは？
a：めったにない
b：けっこうある

A Type

聞けてる度 100%

あなたは親切で犠牲的精神の持ち主と思われます。自分の利益を度外視して世のため人のために働いたり、尽力したりすることが少なくないはず。そんなあなたが人づき合いにおいて、相手の気持ちを汲《く》み取ろう、相手の役に立つことを言わなくちゃと気遣わないわけがありません。

　そうです、今のあなたは相手の話をしっかり聞いて、言わんとするところを十分に汲み取ることができているはず。そのうえ、あなたは賢明な判断ができるようなので、相手の実情に応じた的確なアドバイスをすることも十分可能です。今後ともこの才能を周りの人のためにおおいに活かしていってほしいもの。

B Type

聞けてる度 70%

あなたは社交性が豊かで頭の回転の速い人でしょう。人づき合いにとても熱心なので、話し相手に困ることはないはずです。ただ頭の回転が速い人というのは、えてして相手の話を十分には聞かないもの。ちょっと聞いただけで「わかった、その先は言わなくてもけっこう」と言ってしまったり、相手に十分話させた場合でも、ほんとに聞いたのは半分程度で、あとは右の耳から左の耳、となりがちなのです。

　というわけで、これからは〝最後までちゃんと聞いて全部理解しよう〟と心がけるべき。これが習慣になるにつれ、あなたの「聞けてる度」は確実に高まっていくはずです。

C Type

聞けてる度
40%

あなたは感情豊かで開放的な性格でしょう。思ったこと、経験したことなど、すぐに誰かに話そうとするはずです。それ自体はけっこうなことですが、ただ、根がおしゃべりなせいか、その話し方が一方的すぎるあまり、相手になかなか話させないという感じになりがちなのは問題です。話したいことがいっぱいあるのはわかりますが、相手だって話したいはず。それに、会話というのは互いの気持ちや考えを交換し合って初めて成立するものです。

これからは、自分がある程度話したら、「あなたはどう思う？」などと問いかけたりして、もっと相手の話に耳を傾けるようにすべきです。

D Type

聞けてる度
10%

あなたはデリケートで傷つきやすい人のよう。人のちょっとした嫌味や小言に敏感に反応し、心を痛めることが少なくないはず。なかには、人と話せばたいてい嫌なことを聞かされる、だから何も聞きたくないと耳をふさいでしまう人もいるでしょう。

そんなあなたに心がけてほしいのは、マイナス思考に陥《おちい》らないようにすることです。人との会話では、嫌なことを聞かされることもあればいい話を耳にすることも絶対あるはず。そうです、これからは嫌な話ではなく、ほめ言葉や心温まる出来事など、いい話のほうを心にとめるようにしてください。そうすれば聞けてる度は確実に高まるでしょう。

質問力でこんなに変わる！

いい「聞き方」

おちまさと

1965年生まれ。プロデューサー。東京スカイツリーソラマチ室内遊園地の総合プロデュースをはじめ、IT、アパレル、外食、食品、不動産、保育園や子供関連など、ジャンルを超えた企業のCBO・顧問・ネット戦略のブランディングを務める。厚生労働省イクメンプロジェクト推進メンバー。著書も多数。

ステップ1 会話に臨む、その前に

コミュニケーション上手になるには、「まず、聞き上手になること」と言われます。もちろん僕も、そう思います。

ただ、そうなると「じゃあ、相手の話にどうあいづちを打てばいいんだろう。どんなリアクションをすれば、相手はよろこんでくれるの？」と考えてしまいますよね。そこで、僕がまずお伝えしたいのは「私の話はおもしろくないんだ」と自覚すること。そして、だからこそ「何もなくていい」ということです。

もともとおもしろい話ができて相手を楽しませることができる人はいるかもしれませんが、そんな人はごくわずかで、たいていの人は、おもしろくない（笑）。それなのにおもしろい話をしようと無理をするからうまくいかず、かえ

取材・文：鈴木裕子　イラストレーション：もりわきのぶこ

会話を楽しむための3つの「ない」

1 「おもしろい話をしよう」と思わない

2 会話の間や沈黙を恐れない

3 自分をよく見せようとしない

って気まずくなってしまうのです。

相手と会話が続かなかったらどうしようと、心配になる。実際、会話が途絶《とだ》えると焦《あせ》るわけですが、それは「間《ま》」が怖いからですよね。でも実は、「間」は恐れるものではないのです。事実、僕が質問を投げかけて、答えが返ってくるまでに2分、3分と時間がかかる人もいます。それが、その人の会話のペースなのです。

ですから、聞き上手になるためのレッスン初級編は、「間」を怖がらないような度胸をつけること。誰かと二人きりでドライブに出かけ、どれだけ黙っていられるか、トレーニングしてみるのもいいでしょう。

話しはじめればおもしろいのに、あがり症でとくに初対面の人とうまく会話できないという人がいるかもしれません。その場合も、変に場を取りつくろおうとせず、「あがり症なんです」「緊張しちゃって」とカミングアウトしてしまいましょう。「何もしない」も含め、要は自分をよく見せようとカッコつけないこと。心をフラットな状態にすることが、コミュニケーションの肝《きも》だと、僕は思います。

さらに、もう一つ大事なこと。それは、相手をリスペクトする気持ちです。あなたに関心がある、あなたのことが知りたい。極端な話、その強い気持ちがあればコミュニケーションは成り立つと言ってもいいかもしれません。

ステップ

2 質問力をつけよう!

以上、聞き上手になるための心がまえについてでしたが、次はもう1ステップ進んで「具体的にどうすればいいか」。

沈黙は怖くない、何もしなくてもいい、とはいえ、じっと黙っているだけでは会話は始まりません。そこで、レッスン中級編は「質問力をつける」です。

会話に必要なのは、気の利《き》いたあいづちでも派手なリアクションでもなく、質問。いい質問ができれば、一つの問いで十の答えが返ってくる。つまり、9割方相手がしゃべってくれて、自分が話すのはたった1割ですんでしまうのです。

では、いい質問とはどんなものなのか。つい頭がいいと思われたくて、わざとむずかしい質問を投げかけたり、なれない言葉を口にしがちですが、ここでもフラットな状態で、自分がいま相手に本当に聞きたいことを素直に口に出せばいいのです。緊張のあまり、「スマホを使ってますか?」なんて脈絡《みゃくらく》のない質問をしてしまうかもしれない。それでも、相手をリスペクトする気持ちがベースにあれば「あなたに興味があります。話が聞きたいんです」という気持ちが全身からにじみ出ているので、相手に不愉快

な思いをさせることはないでしょう。「いきなりスマホ？」と一瞬、驚きはするかもしれませんが、人間というのは基本的に、自分の話を聞いてもらいたいもの。スマホについても、放っておいたって相手は5分、10分としゃべってくれるでしょう。

たとえば上司と二人きりになったとき、もし「この人の、営業トークのうまさはどこからくるのかな」と思っていたら、それを聞いてみればいい。もちろん言葉遣いには気をつけながら「○○さんて、子どもの頃から話がお上手だったんですか？」などというふうに。それがたとえ唐突な質問だったとしても、待ってましたとばかりに上司は話しはじめるでしょう。

そう考えると、質問力を身に付けるには「相手に対して本気で興味を持つこと」が肝心ですね。上司となんてどうせ話が合わないとか、この人つまらないなどと、話をする前から考えない。「この人、どんな人なんだろう？」と興味を持てば、必ず何かしら話の糸口が見つかるので、それについて質問してみてください。糸口が見つからない？　それはあなたの熱意がまだまだ足りないからです。

ステップ3 相手に気持ちよく話してもらおう！

さて、ここからは上級編。相手から、話をより引き出すコツを伝授しましょう。コツといってもやはり、自分からとくに働きかけるものではないのですが……。

突然ですが、温泉って、入ると気持ちいいですよね。「はあ、気持ちいい〜」と思わず声が出てしまうほど体がゆるゆるに。おまけに裸で無防備なものだから、心もゆるゆるになって、なんだかいろいろなことを話したくなりませんか？　温泉に一緒につかっている友達に、「実はさあ」なんて、いつの間にか恋バナを始めていた経験、あなたにもあるのではないでしょうか。

コミュニケーションについても同様で、いかに相手に「はあ、気持ちいい〜」と思わせるか。つまり、温泉につかったような状況をつくればいいのです。僕はこれを「温泉理論」と呼んでいるのですが、とにかく相手をいい気分にさせることが肝心。そのための質問やキーワードがいくつかあるのですが、とっておきのものが「〇〇さんて、謎ですよね」。女性に対してだったら「ミステリアスですよね」のほうが、より効果的かもしれません。

男性も女性も「謎だよね」と言われると「それって、魅力的ってこと？」と、受け止めます。そして、うれしいけれど、いや、うれしいからこそ「そんなことないよー」と否定して、「自分は謎ではない」ことを一生懸命、説明しはじ

使えるフレーズの一例

「モテるでしょ？」

「○○さんって、
いい意味で生活感がないですよね」

「やっぱり、頭の回転が速いのは
昔からですか？」

「そんなふうにセンスがいいのは、
持って生まれたものなんでしょうか」

「○○さんはいつも穏やかで優しいから、
怒っているところが想像できません」

「いつもおいしいお店をご存じなのは、
どうしてですか？」

めます。「朝7時に起きて、ごはん食べて、……全然普通だよ」という具合に。そこでさらに「そう言われてもプライベートが想像できない」と言えば、「実はね」と、こちらの予想以上にあれこれしゃべってくれるものです。逆を考えてみてください。誰かに「なんか、ミステリアスだよね」と言われて、気がついたらいつもは話さない本音を口にしていたなんて経験、あるのではないでしょうか。

この「謎（ミステリアス）だよね」を試しに使ってみてください。もちろん相手へのリスペクトを忘れずに、目上の方にはちょっと言葉を工夫する必要がありますが。その結果、相手がどんどん話しだしたら、あなたはもう、立派な聞き上手、コミュニケーションの達人です！

を動かす伝え方

杉山美奈子

こんなことは、ありませんか？

Case.1

同じミスを繰り返す後輩

「なんでわかってくれないの？　この前も言ったのに。説明してもわかってもらえないのはなぜ？」と、その後輩にイライラ。

Case.2

新しい人が入ってくるたび、私の過去の失敗談で笑いをとる上司

コツ1

「それをしてもらわないと困る」ときには、伝え方に工夫をする（たとえばケース1）

「この仕事、お願いします」
←
「この仕事、お願いします。前回この方法でしてもらったから、それと同じ要領で。やり方に質問はありますか？」

相手の認識と自分の認識のすり合わせをします。

すぎやまみなこ＊コミュニケーション・インストラクター。文筆業とともに、長年、大学やセミナーなどでコミュニケーションの方法を教えている。監修を務めた『話し方のマナーとコツ』（学研プラス）は40万部のベストセラーに。『毎日が幸せになる魔法の「ほめ言葉」』（集英社インターナショナル）など、著書多数。

「話を聞いてくれない人」

何度も同じことを言わなければならない、
一生懸命しゃべっているのに響かない……。
日常のコミュニケーションでの、そんな「すれ違い」を解消するヒントとは。

「その話は、もうしないでください」と頼んだにもかかわらず、「以前、杉山さんはこういう失敗をしたんだよ～」と今日もまた……。

こんなふうに何度言っても聞いてもらえなかったり、右から左へ聞き流されたり、頑固《がんこ》で聞く耳を持ってもらえなかったり、相手の思い込みが強かったり……。お互い様ではあるけれど、相手に対して「どうして聞いてくれないんだろう」と感じるときがあります。自分の言いたいことが伝わらなかったり、話がかみ合わなかったりということもあります。

でも、大丈夫。これらのストレスを解消するちょっとしたコツがあります。

コツ2

仕事に影響がないとき
（たとえばケース2）

「直らないんだ。クセなんだ」と受け止め、相手に変化を求めない。現状は何も変わらないけれど、あなた自身がストレスなく過ごせる、ある意味究極のコツです。

続いて、より効果的な方法を二つご紹介します。

イラストレーション：ハセガワ・アヤ

Point.1

「話を聞いてくれない人」を動かす伝え方

「相手の言い分を聞く」

「伝わる」とは、ただ相手に話をすることではなく、伝えたいことを相手に理解してもらうこと。だから、話した内容を相手がどう理解したかを確認し、ズレがあれば修正します。そうすれば「伝えたこと」と「相手に伝わったこと」の誤差が減らせます。

そもそも、相手には相手の考えがあります（特に何も考えていない場合もあるかもしれませんん）。

たとえば、相手に何かをしてほしいとき、単に「～してほしい」という言い方をするだけでは、あなたの言い分を口にしたに過ぎません。それを**「～してほしいんだけど、お願いしてもいい？」**というような言い方にすれば、相手の言い分も聞く気があることが伝えられます。ここがポイントです。「あなたの言い分を聞く思いがあること」を伝えるだけで、相手も、あなたの話を聞くスイッチが入るからです。

「今、話しかけても大丈夫？」「今、忙しい？」「こういうことをお願いしたいんだけど、どう？」と相手の都合を尋ねることで、「一方的に伝えられた」と相手に感じさせずに済むのです。

そのうえで、「わかりました」「ちょっと今は忙しいです」「どのように進めればいいですか」などの相手のリアクションを受け止めましょう。

相手の不安や不明点を解消するため、何か質問があるかどうか問いかけてみてもいいでしょう。疑問点だけではなく、相手の提案や意見を引き出すこともできるかもしれません。
相手がどう考えているかを理解しながら、伝え方を変える。これが効果的に伝わるコツです。

Check

「〜してほしいんだけど、お願いしてもいい？」と、相手の言い分を聞ける余地を残しましょう

Point.2

「話を聞いてくれない人」を動かす伝え方

「目的に合わせて言葉を選ぶ」

物を出しっぱなしで部屋を散らかす家族に、「なんでいつも散らかすの!」「ちゃんと片づけて!」と繰り返し言っても、なかなか片づけてはくれません。そもそも、あなたの目的は怒ることではなく、片づけてもらうことですよね。

そうであれば、「使い終わったものは元の場所に戻してほしい」などと、具体的に言うほうが効果的です。また、「すぐに片づけたら、食事もスムーズに始められるよ」といったメリットを示すと、相手に動いてもらいやすくなります。たとえば、こんなふうに。

「洗濯物、部屋の中に入れてよ」

↓

「疲れてるところ悪いけど、洗濯物を部屋に入れてもらえる？　その間に私は急いで食事の支度をするから」

ただ、こう言うと今度は「いいよ、食事は遅くなっても」と相手は言うかもしれません。それも織り込み済みで、次の言葉を用意しておきます。**「ありがとう。じゃあ、洗濯物じゃなくて、お風呂の準備をお願いしてもいい？」**と、さらなる交換条件を用意しておくのです。

また、いいタイミングを見つけて話しかける方法も効果的です。たとえば、「ただいま～」と家族が帰ってきてすぐに「お風呂、洗ってくれる？」と言うより、相手が室内着に着替えたタイミングで言うほうが、相手に余裕があって聞き入れてもらえる確率は高まります。

そして語尾は常に優しい口調で！　これはとても重要で、しかも効果的なコツ。イライラを穏やかな口調に変えて、ぜひトライしてみてください。

Check

行動をうながすときは、相手が動きやすいように言葉を選びましょう

ロベタでも大丈夫！

気持ちが伝わる ちょっとした手紙のススメ

むらかみかずこ

ロベタで言いたいことが伝えられない……。そんなときに気持ちを伝える助けになってくれるのが短い手紙です。手紙を書くのが苦手な人でも、慣れればスラスラ書けるようになりますよ。

イラストレーション：黒岩多貴子

ひと言の手紙で想いは伝わる

手書きの手紙は、口ベタな人ほど効果的です。

わたしの場合も、子どもの頃からの口ベタで、反応が鈍《にぶ》く、無愛想な人だと思われがちでした。その一方で、書いて伝えることなら気楽にできました。言いたいことをタイミングよく声に出すのはむずかしくても、相手を想って言葉を選び、書いて伝えることなら自分のペースでできるからです。

また、メールやSNSが全盛の今、手書きの手紙はめったに目にしなくなったからこそ、印象に残ります。「自分のためにわざわざ手書いてくれた」という驚きが、感謝となって返ってくるのです。

長文を書く必要はありません。便箋《びんせん》いっぱいにつづられた長文の手紙はときに重く感じられることもありますが、短い文章でさわやかに文字をつづれば、相手に「返事を書かなければ」というプレッシャーを与えません。

ほんのひと言「いつもありがとう」だけでいいのです。お互いの心の距離がぎゅっと縮まるのを感じるでしょう。

むらかみかずこ＊一般社団法人手紙文化振興協会代表理事。「手紙の書き方アドバイザー®認定講座」やテレビ・新聞などのメディアで今の時代に合う手紙の書き方を提唱し、手書きの良さを広く社会に発信している。『一生使える、一筆箋の美しいマナーと言葉』（PHP研究所）、『おとなの手紙時間』（サンマーク出版）など著書多数。
http://www.tegami.or.jp/

基本の
書き方

会食した人へのお礼の手紙

ポイント1

頭語や結語は使わなくて OK。「貴社益々ご清栄のこと」「平素は格別のご高配を」などの定例文より、自分らしい等身大の言葉のほうが好感度大！

ポイント2

宛名は「営業部長　田中太郎様」という書き方が正式ですが、気心の知れた間柄であれば「田中部長」のように「名前＋役職」でもかまいません。

ポイント3

文字は「美しく」ではなく「読みやすく」を目指しましょう。そのために、①大きく書く、②太字のペンで書く、③青で書く、を心がけて。青いインクで書くと、元気よくさわやかな印象を与えます。

ポイント4

おすすめの筆記具はゲルインクのボールペンか万年筆です。インクのにじみが、文字のクセを味わいに変えてくれます。

ポイント5

文字が与える印象はそっくりそのまま書き手のイメージと重なります。あまりかしこまらず、堂々と元気よく文字をつづりましょう。

> 田中部長
> 昨日はおいしいお食事をありがとうございました。
> 日頃はできない会話もでき、大変楽しく、有意義な時間でした。
> ご期待に添えるよう、努力してまいります。
> 今後ともご指導のほど、よろしくお願いいたします。
> 営業　山下純子

Letters HEARTFELT

すぐに使える文例

鈴木課長

おつかれさまです。

A社から依頼があり、

添付の書類を本日付で

発送してほしいそうです。

恐れ入りますが、本日15時までに

確認していただけませんか。

お手数おかけします。

よろしくお願いいたします。

総務部 高橋まゆみ

上司に書類の確認をお願いするとき

ポイント

お願いするときに「～してください」だと少しきつく感じられることも。「恐れ入りますが」「お手数をおかけしますが」「急に申し訳ありません」などとクッションになる言葉を添えて疑問文でお願いすると、やわらかくなります。

(株)ABC企画 御中

いつもお世話になり、ありがとうございます。

気持ちばかりではありますが、弊社近くにある和菓子店の

名物、かりんとうをお届けします。

みなさんで召し上がってください。

日頃の感謝を込めて。

設計事務所あいうえお スタッフ一同

取引先に贈り物を持参するときの添え状

ポイント

物を贈るときに「つまらないものですが」では少し遠慮し過ぎだと感じます。「心ばかり」「ほんの気持ち」などの書き方が◎。「話題のお店の」「人気の」「今が旬の」などと贈り物を選んだ理由を添えると特別感がアップします。

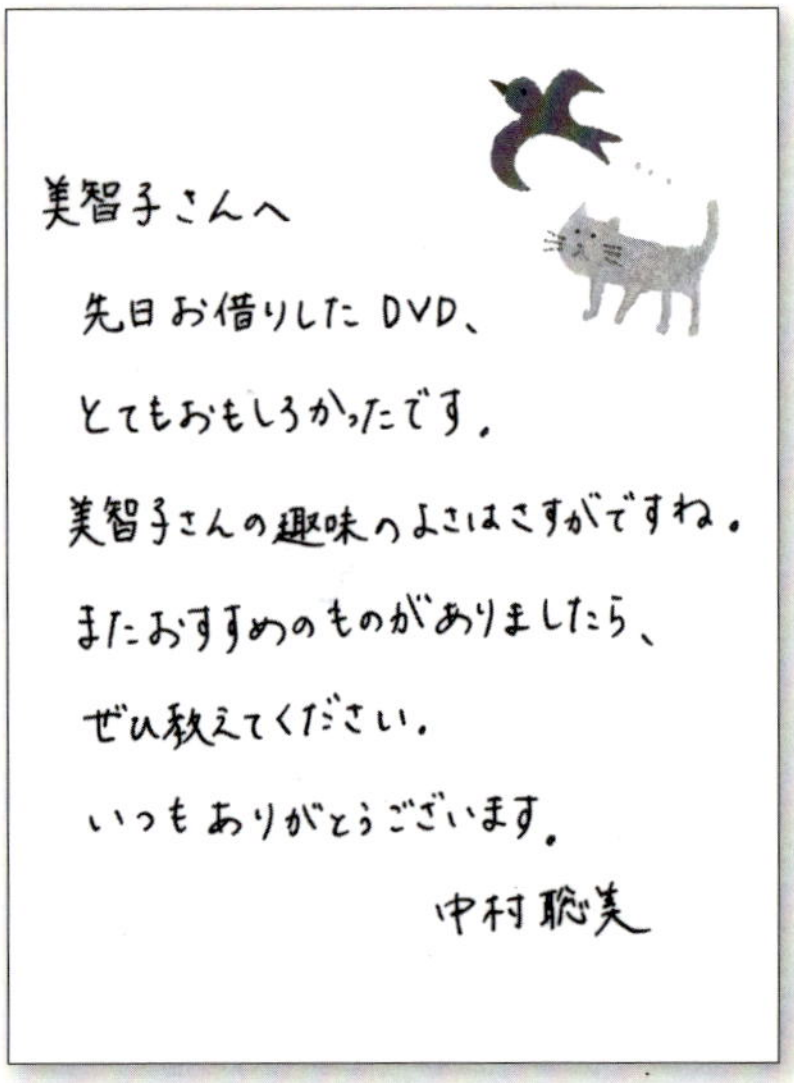
美智子さんへ
先日お借りしたDVD、
とてもおもしろかったです。
美智子さんの趣味のよさはさすがですね。
またおすすめのものがありましたら、
ぜひ教えてください。
いつもありがとうございます。
中村聡美

DVDを貸してくれた人へのお礼

ポイント

お礼とともに相手のセンスのよさを褒《ほ》めるか、それがいかに役に立ったかを伝えると、さらに喜ばれる１枚になります。「また教えてください」「今度はわたしが紹介します」などの言葉で今後につなげていきましょう。

ふとした行き違いにより、相手を怒らせてしまったときのお詫び

ポイント

お詫《わ》びの文章は簡潔にまとめるよう心がけましょう。ダラダラと状況を説明すると、そのつもりがなくても言い訳がましく聞こえてしまいます。信頼を回復できるよう今後の対策や同じことをしないという決意をしたためて。

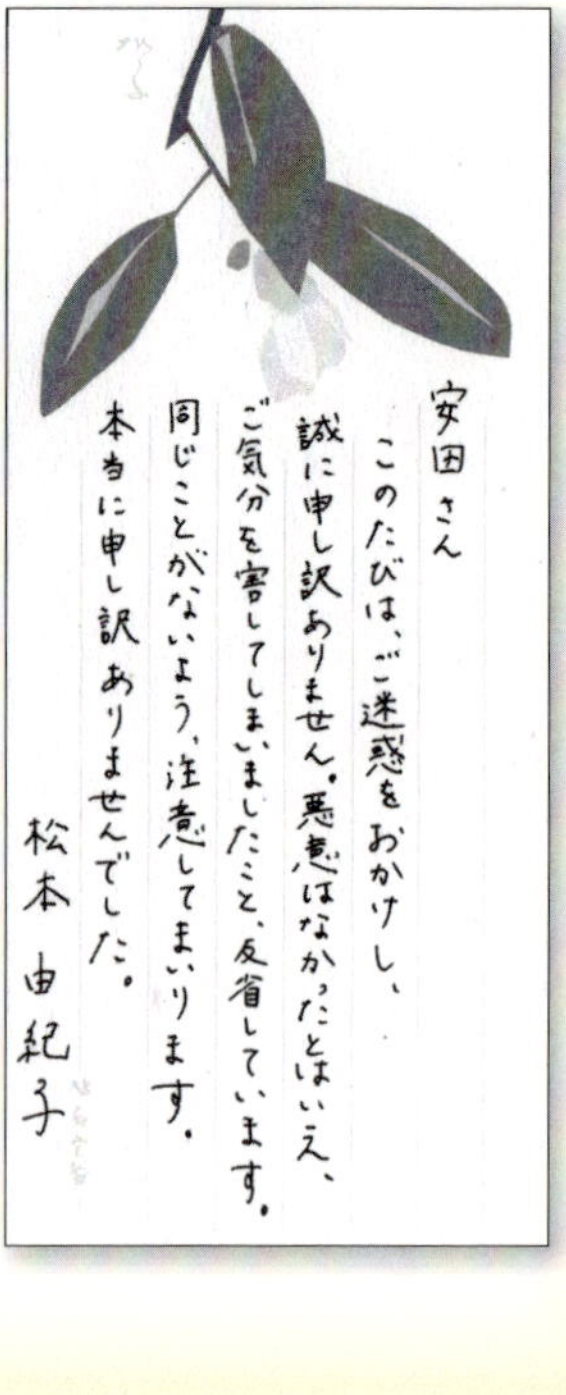
安田さん
このたびは、ご迷惑をおかけし、
誠に申し訳ありません。悪意はなかったとはいえ、
ご気分を害してしまいましたこと、反省しています。
同じことがないよう、注意してまいります。
本当に申し訳ありませんでした。
松本由紀子

手紙の疑問が解決！Ｑ＆Ａ

Question

文章を考えるのが苦手です。特に手紙は「拝啓・敬具」とか、いろいろとルールがむずかしそうで……。

Answer

大切なのは気持ちを伝えること。手書きの手紙は「ありがとうございます」「よろしくお願いします」といった気持ちを伝えるために書くのですから、形式にとらわれず、自分らしい言葉で伝えましょう。

一筆箋であれば、「拝啓」「敬具」といった頭語や結語を使う必要がありません。1枚でまとめてもよし、書いているうちに書きたいことが膨《ふく》らんで複数枚にまたがっても大丈夫。ルールがないのが一筆箋の魅力です。気軽に文字をつづりましょう。

Question

字が汚いのを気にしています。ひと言を伝えるならメールではいけませんか。

Answer

メールで伝えることが悪いわけではありません。ただ、字が汚いからといって手書きを避けるのは少しもったいないと感じます。そもそも自分の書く文字に自信のある人などほんの一握り。手書き文字には「ただ手書きである」だけですでに価値がありますから、気にしないで堂々と文字をつづりましょう。相手の趣味やそのときの季節にちなんだ一筆箋を選ぶなど、絵柄からも気持ちを伝えることはできますよ。

Question

一筆箋は縦書きと横書き、どちらで書くのがいいですか。また、仕事相手や目上の人に絵入りのものを使ってもかまわないでしょうか。

Answer

一般的には横書きよりも縦書きのほうがオフィシャルな印象を与えるため、目上の人には縦書きのほうが使いやすく感じることが多いでしょう。とはいえ、横書きだと失礼ということではありません。

また、その季節ならではの絵柄や、富士山・四つ葉のクローバー・ウサギ・七福神といった縁起物の絵柄であれば、目上の人にも喜ばれます。一筆箋は1冊350円ほどで手に入りますから、いくつかお気に入りを選んで常備しておくと、重宝しますよ。

印象がいい人の

伝わりやすく、感じよく 話し方の基本

言いたいことが伝わらないのは、もしかすると「話し方」に原因があるのかもしれません。自分の「話し方」を振り返ってみましょう。

大嶋利佳

私たちの日常生活には、話し方をめぐる行き違いやトラブルが少なくないものです。特に「言ったのにわかってもらえなかった」ことは、誰にでも経験があることでしょう。「言ったでしょう!?」と問いただしても、相手からは「聞いてないよ」と言われてしまったり、「聞いたけど、そういう意味だとは思わなかった」と誤解されたり。ときには「そういう言い方しなくていいでしょ！」と、思わぬところで反発されて、人間関係が悪くなることもあります。

また、ちょっとした言葉づかいのまずさから、人柄や仕事ぶりまで低く評価されてしまうこともあります。「性格がきついから

イラストレーション：佳矢乃

言葉もきつい」「はっきり言えないのは気が弱いから」などと、私たちは話し方と性格、人間性を結び付けて考えがちです。そうした点でも、うまく自分を伝えられずに悩んでいる人が少なくないようです。

　このように、人に何かを伝えるのは難しいものですが、「話し下手だから」と諦《あきら》めたり、「わかってくれない」と人のせいにしたりしては、何も変わりません。

　うまく伝えられないのは、相手の頭が固いせいでも、自分の性格のせいでもありません。話し方を改善してみましょう。ほんの少し努力して伝えるポイントを押さえ、工夫すれば、意外に大きな変化が生まれるものです。「今までこう言っていたけれど、違う表現も試してみよう」という心がまえを持って、上手に自分を伝えるための、新しい話し方を見つけてみましょう。

おおしまりか＊株式会社スピーキングエッセイ取締役講師代表。講師として職場研修を手掛ける他、執筆者としても活動。著書に『電話応対 受け方・かけ方大事典』（秀和システム）、『闘う敬語 仕事の武器になる「敬語入門」』（プレジデント社）など多数。

デキる人のスマートな話し方

意志の強さと信頼感が溢れ出す

「デキる人」は、自分の意志や主張、判断力を持っています。そして、それらを話し方でしっかりと表します。意志が強いので、難しい問題が起こっても逃げずに取り組んでいきます。自分の意見をはっきり言えないとか、周囲の人に流されてしまうことはありません。

あいまいなものの言い方になったり、消極的なことばかり言うようでは、周囲から、評価されることはないでしょう。

さらに、デキる人は周囲の人を動かし、リーダーシップを取ることができます。人を動かすためには、わかりやすさと前向きさが大切です。周囲から「あの人の言葉を聞くとやる気がでる」と言われるような話し方を目指しましょう。

Point 1

要点から整理して話す

わかりやすく話せることが、デキる人の第一条件です。「このように考えています。なぜなら～」と要点を先、理由や補足説明を後にする、また「3件、連絡があります」とまず数を示すなど、順序だてて話しましょう。

Point 2

語尾をはっきりさせる

語尾には話し手の意志がこもります。「私はこう思う」と、語尾をはっきりさせましょう。「こう思うんですけど……」と語尾をにごして、相手の出方をうかがうような態度では、自己主張をすることはできません。

Point 3

「ない」がつく言葉を避ける

「できない、やりたくない」と言いたいときには、ひと工夫しましょう。「いたしかねます」とすれば公の場にふさわしい言い方になります。さらに「これならできます」と代案を出せば、話が前向きになります。

耳にやさしい声で、相手を受け入れて

愛される人のやわらかな話し方

愛される人は、話し方にやわらかさがあります。誰でも、とげとげしいものの言い方をする人と話したいとは思わないでしょう。同じことでも、言い方次第でやわらかくもキツくもなります。

やわらかさには二つの面があります。一つは言葉の響きです。話し言葉は音として伝わりますから、耳にやさしい音のほうが心地よく伝わります。

もう一つは、考え方の柔軟性です。一つの考え方にこだわらない人は、言葉もソフトで、人と衝突することがありません。相手の話をじっくり聞いて、受け入れてあげることができます。

いっしょにいるとほっとするような話し方が、愛されるポイントです。

Point 1

濁音、促音のある言葉を避ける

大きなものを見て「げっ！　でっかい！」と言うか「わあ、大きい！」と言うか、どちらがやわらかく響くかは言うまでもありません。濁音は乱暴な印象を、促音は幼稚さを感じさせるので、できるだけ避けましょう。

Point 2

決めつけをしない

誰でも、決めつけられるのは不快なもの。「〜に決まっている」「〜するのが常識」のような言い方は、人と衝突するもとになります。「人それぞれですね」と寛容に受け止めてくれる人とは、安心して会話ができます。

Point 3

相手に話を促す

話題を独占して自分ばかり話すようでは、どんなに言葉づかいがよくても愛されません。「あなたは？」と話を振ったり、相手の話には「そうですか、それで？」と相槌《あいづち》や質問でさりげなく先を促《うなが》してあげましょう。

毅然とした姿勢が品を高める

品のある人の素敵な話し方

「品がある」とは、「普通の人とはちょっと違う。高級で、レベルの高い感じがする」ということです。品がある人は、普段でも質のいいものをさりげなく身につけています。また内面的にも教養があり、周囲に気遣いができる、おだやかな人です。

　話し方のポイントもそこにあります。みんなが軽い気持ちで口にしている、ざっくばらんな言葉を使わず、少しフォーマルで、丁寧なものを選んでみましょう。

「流行《はや》っているから」「気を遣わない、ラクな言い方だから」という理由で言葉を選んでいては、素敵とはいえません。周囲に流されない、毅然《きぜん》とした話し方があなたの品を高めます。

Point 1
自分のことは「わたくし」と言う

自分を何と呼ぶかは、言葉づかいの基本です。フォーマルな一人称は「わたくし」です。「わたくしは〜」と話し始めれば、後に続く言葉も自然と丁寧になるものです。まずはこの言葉を普段から使いこなしましょう。

Point 2
俗語、略語、流行語を使わない

品がある人は、「ミスっちゃって、まじ、やばい！」などと口にすることはありません。「ミスをしてしまい、本当に困ったことになりました」ときちんと言えるからこそ、周囲の人も丁寧に接してくれます。

Point 3
けなす言葉を使わない

食事の席で「これ、まずい！」などとも言いません。そう言ってしまうと、周囲の人が不快になります。「これは苦手です」とか「わたくしには少し辛すぎるようです」と婉曲《えんきょく》に表現できるのが品のある女性です。

すぐに使えるフレーズ集59

杉山美奈子

海外を訪れたとき、「この国の言葉を知っていれば、現地の人と、もっと話せるのに」、そう感じたことはありませんか。〈伝えたい思いはあるのに言葉を知らないために、話しかけるのをためらってしまう〉そんな経験。

でも実はこれは、海外だけのことではありません。普段の暮らしのあらゆるシーンで「どう伝えたらいいの？」「このニュアンスを伝える言葉が浮かばない」と、感じることがよくあります。

それは、知っている言葉だけを使って会話を済ませ、新しい言い回しを学ぶ機会を作らないせいです。

もちろん今のままでも会話はうまくいきます。でも、微妙なニュアンスが伝わる、失礼のない言い回しを知れば、あなたの会話は今以上に輝きます。

方法は、とてもシンプルです。〝言い回しを知ること〟、ただ、それだけです。気持ちによりフィットするフレーズや、言いにくいことがさり気なく伝わるフレーズ。それらを一つでも多く知ることで、あなたのコミュニケーションがより円滑になり、会話にも自信が持てます。

今すぐ使える、役立つフレーズを集めました。今日から使ってみてください。

好感度フレーズ

あいさつ

「お会いできてうれしいです」

少しハードルが高いけれど、スマートに口にすれば、相手との心の距離が縮まるフレーズ。

あいさつ

「いいお天気で」

ご近所さんとの軽いあいさつには、天候のあいさつが便利。この他「あいにくのお天気ですね」「はっきりしないお天気ですね」「ひと雨きそうですね」も。

あいさつ

「いずれあらためまして」

別れ際の定番のあいさつ。他には、「近いうちにまた」「またご連絡いたします」も、便利。

あいさつ

「しばらくでございます」

久しぶりに会った人に使うあいさつ。「お変わりありませんか」と続ければ、自然に会話に入れる。

お礼

「お骨折りいただきまして」

相手がしてくれたことに対しての感謝の言葉。手伝ってもらった、わざわざ来てもらったなどの場面で。

お礼

「お心遣い、ありがとうございます」

相手に何かしてもらったときに。「ありがとうございます」よりワンランク上の感謝のフレーズ。

お礼

「珍しいものをありがとうございます」

いただき物をしたときに。特に土地の名産品などをいただいたら、このフレーズで感謝を伝える。

お礼

「思わぬ散財をおかけいたしました」

きちんとしたお店でごちそうになった日のために、知っておきたい「ごちそうさまでした」のていねい版。

お礼

「痛み入《い》ります」

感謝しながらも、恐縮している思いまでもが伝わるフレーズ。親切にしてもらったときなどに使う。

あいづち

「なるほど……」

「口先だけ」と相手に感じさせないように余韻を持たせて言いたいフレーズ。話への関心の深さや同調も伝えられる。

あいづち

「そうですよね」

相手への共感が伝わる、とっておきのフレーズ。「わかります」を添えて使えば、より深い共感が伝わる。

あいづち

「それは何よりです」

相手にとってうれしいニュースを聞いて、その喜びを受けとめるときに。ほほえみながら言いたいフレーズ。

あいづち

「よかったですね〜」

相手が喜んでいるときに。「私もうれしいです」を添えれば、相手とますます気持ちが通い合う。

あいづち

「え？　そうなんですか」

驚きはもちろん「私はそう思いません」をやんわり伝えるフレーズ。人の悪口に同調したくないときにも。

気持ち・メッセージを伝える

あいづち
「話は変わりますが」
話題を変えたいときの定番フレーズ。「そういえば」「ところで」「今の話で思い出したけど」も同様に。

ほめる
「少しもお変わりになりませんね」

お年を召した方へのほめ言葉。そのぶん、同年代の人には使わないほうが無難。

ほめる
「いつも素敵ですね」

「いつも」がポイント。「今日は素敵ですね」は、ほめ言葉だと受け取られないけれど、「いつも」にすれば、スペシャルなほめ言葉になる。

ほめられる
「おほめにあずかりまして」

目上の人からほめられたら、さらりと口にしたい大人のフレーズ。「いえいえ、私など」と謙遜するより、好感度が大。

ほめられる
「もったいないお言葉です」

立場が上の人からほめられ、恐縮しているときに使うフレーズ。相手のほめ言葉を聞き終え、一呼吸してから言えば、さらに謙虚な印象に。

注意する
「できれば～していただけると助かります」

注意は誰もが口にしにくい。でも、「できれば」と「助かります」を添えれば、言いやすくなる。

注意する
「そういえば、一つよろしいですか」

注意をさり気なく切り出したいときに。今、思いついたかのように切り出すことで、相手へのダメージも軽くなる。

注意する
「せかすようで申し訳ないのですが」

「注意」と「催促」、両方の場面で使うフレーズ。親しければ、「せかすようでごめんなさい」で。

注意する
「間違えていたらごめんなさい」

相手の勘違いや思い違いを、さり気なく指摘したいときに。本当に間違えていることを伝えるフレーズではない。

はげます、ねぎらう
「お疲れになりましたでしょう」

相手が遠方から戻ったときや、たいへんな目にあったときにかける、ねぎらいの言葉。

はげます、ねぎらう
「案じております」

心配している気持ちを相手に伝えたいフレーズ。「さぞかしご心配でしょう」も併せて知っていると便利。

お願い・誘いの場面のフレーズ

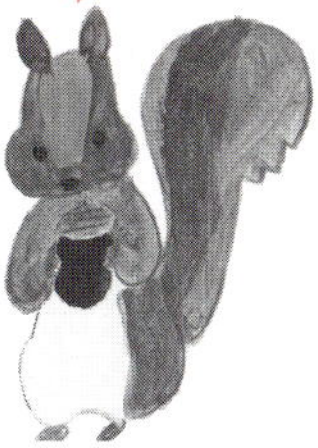

はげます、ねぎらう

「誰にでもあることですから」

ミスや失敗で落ち込んでいる相手に。相手の思いに寄り添いたいときの、優しさが伝わるひと言。

はげます、ねぎらう

「ご苦労がむくわれましたね」

お祝いの場面で相手をこの言葉でねぎらえば、成功を一緒に喜んでいることが伝わる。

頼 む

「折り入ってお願いしたいことがあるのですが」

親しい人にやっかいなお願い事をしたいとき、このフレーズで切り出せば、相手は心の準備ができる。

頼 む

「ご検討いただけませんか」

お願い事の定番フレーズ。「まことに勝手なお願いですが」の前置きと、セットで使うことが多い。

頼 む

「お力添えいただけますか」

仕事をお願いしたいときに。「勉強会の受付の仕事ですが、お力添えいただけないでしょうか」のように使う。

頼 む

「不躾《ぶしつけ》なお願いで恐縮ですが」

あまり親しくない人や、会ったばかりの人へのお願い事を切り出すときの定番フレーズ。

相談する

「○○についてアドバイスをもらえたら……」

相談する内容を最初に明確にすることで、相手に心の準備を促せる。

相談する

「お知恵を拝借したいのですが」

相手を立てながら、「相談を持ち掛けさせてください」という謙虚さも伝わる便利なフレーズ。

相談する

「少しお時間をいただいてもよろしいでしょうか」

相談事を切り出すときの定番。相手の都合を聞く意味合いと、自分が切り出しやすくなる、二つの効果が。

相談する

「折り入って○○のことで」

「折り入って」は、親しい相手に対してても、そうでない相手に対しても使える。さらに、深刻な内容にも使える、便利なフレーズ。

引き受ける

「私でよければ、ぜひ」

こう引き受ければ、頼んだ側の気持ちの負担が軽くなる。好感度がアップするフレーズ。

引き受ける
「お安いご用です」
相手の負担を軽くさせられる定番フレーズ。相手と親しければ「○○さんのためでしたら」と添えれば、相手の笑顔を引き出せる。

引き受ける
「遠慮なくお言葉に甘えさせていただきます」
相手の好意に甘えるときに。ごちそうになる、手伝ってもらうなどの場面で使う。

引き受ける
「願ってもないお話です」
相手の提案を受け入れるときに。「はい」を言ったあとに「願ってもないお話です」で引き受ければ、好感度アップ。

誘う
「よろしかったら」
この言葉のあと、「近いうちにランチにでも行きませんか」「次回、ご一緒しませんか」と続ければ、誘いやすくなる。

誘う
「よいお店をみつけたのですが」
誘うのは気が引けるものの、思い切って誘いたい、そんなときに使いたいフレーズ。「よいお店」というフレーズに、相手をひきつける効果が。

誘う
「〜していただけたら、とてもうれしいです」
「お越しいただけたら、とてもうれしいです」のように使う。さり気ないけれど、思いが伝わるフレーズ。

誘う
「〜でもいかがですか」
すぐに使える便利なフレーズ。「一度、お茶でもいかがですか」「近いうちに我が家にでも、いかがですか」のように使う。

トラブルを避けるフレーズ

謝る
「言い過ぎてしまって、ごめんなさい」
仲直りしたい気持ちが伝わるフレーズ。逆に相手にこう謝られたら、「こちらこそ、ごめんなさい」と受ける。

謝る
「お詫《わ》び申し上げます」
どんな場面でも使えるフレーズ。内容に応じて様々にアレンジもできる。さらに「心から」「謹んで」を前につければ、よりていねいなお詫びに。

謝る
「たいへんご迷惑をおかけいたしました」
相手への配慮が伝わるフレーズ。しかも、どんなお詫びの場面でも使える。

謝る
「非礼の数々をお許しください」
このフレーズに「恐れ入ります」をつけて使って、自分の態度や言動をお詫びする。

謝る

「お気になさらないでください」

相手の謝りを受けてのフレーズ。「あなたのお詫びの気持ちは十分いただきましたよ」という思いやりが伝わる。

断る

「あいにく先約がありまして」

誘いを断るときに。この断りの言葉のあと、「せっかくなのに残念です」を添えれば、残念な思いが伝わる。

断る

「他のことならお力になれると思いますが」

自分には荷が重い、そんなお願い事を断るときに。断りながらも、相手を気遣える。

断る

「よく考えさせていただいたのですが」

返事を保留したあと、断るときに。その場で断るのは気が引けるため、一旦返事を持ち帰ってから、断るときに。

断る

「お役に立てず残念です」

相手の思いを大事にしながら断りたいときには、このフレーズ。併せて「今回は見送らせてください」も知っていると便利。

クレーム

「ごもっともです」

クレームを言われたら、まずはこのフレーズで受け止めて。とはいえ自分に言い分があるときは、「ただ、私としては」と、そのあと伝えて。

クレーム

「行き違いがあったように思いますので」

ちょっとしたトラブルの場面で。相手との話し合いにつながるフレーズでもある。

クレーム

「ご指摘いただかなければ、気づきませんでした」

騒音、ゴミ出しなどを相手から指摘されたときに。相手との関係を保つためにも、このフレーズで謙虚に伝えたい。

言いにくいことを伝える

「たいへん申し上げにくいのですが」

自分から相手にクレームを切り出すときのフレーズ。この他、「私の勘違いかもしれませんが」も使える。

言いにくいことを伝える

「どんなものでしょう」

反論したいときは、まずこのフレーズで切り出す。さり気ないけれど、反論したいニュアンスが相手に伝わる。

言いにくいことを伝える

「どうしてこのようなことになったのか不思議です」

相手にも自分にも思い当たることがない、というようなトラブルにあったときに。

言いにくいことを伝える

「失礼かとは思いましたが」

似た言葉に「出過ぎた真似とは思いますが」がある。相手を助けたとき、さりげなく使いたいフレーズ。

想いが伝わる表現のしかた

山田ズーニー
やまだ ずーにー＊フリーランスの文章表現・コミュニケーションインストラクターとして全国で表現力のワークショップを開催中。慶應義塾大学非常勤講師。著書に『あなたの話はなぜ「通じない」のか』（筑摩書房）ほか多数。インターネットにコラム「おとなの小論文教室。」連載中。

あなたには、想いを伝える力がある。

そう言い切れるのは、私が表現教育を通して28年見てきたから。全国を表現力ワークショップでまわっていると、学生も、社会人も、主婦も、ごくごく一般の人たちが、胸を揺さぶる話をする。ここで「3つの基礎」をつかみ、やり慣れていけば、だれでも想いはぐんと相手に届くようになる！

正直な反応に磨かれる

38歳で独立してから、講演・授業と人前で話す機会が急激に増え、私自身苦労した。とくに高校生たちは容赦《ようしゃ》ない。私がいくらためになる話をしたって、心に響かなければダメ。そっぽを向き私語をはじめてしまう。生で話すと、反応を即、モロに浴びるので、通じない日は、とことんへこんだ。

引用もなぜか通じない。エライ先生の言葉を持ち出すとき、ふりかざして身の丈以上のことを言おうとする自分がいた。「上から目線」には、大人も若者も、サッと引いていった。

正直な反応に磨かれ、導かれ、創意と工夫を繰り返した果てに、その日が来た。

女子高校生千人の前で話すことになった。感覚が鋭く、大人の嘘《うそ》も一瞬で見抜いてしまう思春期の女子たち。同じ女性である私を見る目は厳しい。緊張は最高潮に達した。

千の心と響きあう

夏の白いセーラー服、黒髪の女子が講堂の一、二階にびっしり並ぶ。千人の繊細な感性が一斉に私を見定める。

言葉は、ひと言ひと言、染み透《とお》り、響きあい、やがて千の心が一つになった。物音ひとつ、身じろぎさえ無い。時折、感動にすすり泣く音だけが静かにもれてくる。

空にまたたく千の星が、もしも一瞬、同時に瞬《また》いたら、胸が震えるほど感動する。そんな瞬間が何度も訪れた自己ベストの講演になった。終わったとき、女子高生が「よし！　わかった！　がんばるぞ！」とガッツポーズをしたと、伝えてくれた先生も感動に涙ぐんでいた。

そのとき私が冒頭で話したのは、偉い人の引用ではない、人に誇れる成功談でもない。私の人生最大の「後悔」だった。

大学4年の春、私の卒業式に出たいと田舎から突然出てきた母を、私は無情にも追い返してしまった。

いい歳をして親が来るなんて恥ずかしい、それだけの理由で。親の気持ちが全くわからない自分がいた。母はひとりどんな気持ちで帰りの列車に乗ったのだろう。月日が経《た》つにつれ、母の気持ちがどんどんわかるようになり、後悔もどんどん膨《ふく》らんでいく。私は一生悔い続けると思う。

なぜ、こんな恥ずかしい話から切り出したのか？　避けては伝わらないからだ。講演のテーマ「読書」について、私が高校生にどうしても伝えたい「想い」が。

経験を、でなく「経験で」話す

「想いが通じる人は、経験を賭《と》して話す」。これだけは、何千人ものスピーチを聞いてきて、また自分の経験からも言える。通じる話は、ウケウリや引用ではない。実体験に基づいている。実感がこもり、具体的でオリジナルだ。自分の体で試したことだから「等身大」で、上から目線になりにくい。

ポイントは、経験を、でなく「経験で」話す。伝えたい想いがまずあり、それを伝える手段として、ふさわしい実体験を引いてくるのだ。そのときに、「言いたいことは、言いたくないことのそばにある」。私たちは、人生の大切なことを、失敗や痛みを通してつかみとることが多い。だから人に切実に伝えたい想いほど、人に聞かれるのが恥ずかしい実体験に裏打ちされていることが多いのだ。

伝わる話をする人は、恐れず、保身にまわらず、経験を差し出すようにして話す。

恥はかきたくない、傷つくのもいや、と自分のものは固く握って何ひとつ差し出さず、「聞いてくれ、わかってくれ」のくれくれでは通じない。

伝えたい、ただ一つを伝えきるために、見栄《みえ》や虚勢《きょせい》を手放す、持てる経験を投げ打つ、そうした姿勢が相手の胸を打つ。

でも、「経験で」話しているにもかかわらず、伝わらない人もいる。そういう人たちには、共通して「なぜ」がない。

伝わる話には「なぜ」がある

女子高生に、親の気持ちがわからず母を追い返した経験を語ったあと、私はこう問うた。

「こどものいない私が、いま、なぜ、親の気持ちがわかるのでしょう？」

そこから私は、高校生に一番伝えたかった読書の凄《すご》さを話し始めた。人は自分の経験のワクを超えて、他者の気持ちをわかることができる。文章には文脈がある。読むことで他者の文脈を知り、文脈をつかむことで、理解できなかった相手の言動の意味がわかる。私たちは読むことで筆者の世界に身投げするようにして、自分が経験したことのない他人の気持ちもわかることができる。男が女の気持ちを、専業主婦が企業で戦う女の気持ちを、子が親の気持ちを。この読むチカラの凄さを伝えるために、私は経験を賭したのだ。

伝わる話には「なぜ」がある。なぜのない話は、実体験の丸投げで、そのまま結論を押し付ける。「俺は辛《つら》いときがんばったぞ→だからお前もがんばれ」では通じない。大学ではわずか4分で学生に話してもらうが、一生記憶に残る、胸を揺さぶるような話には決まって「なぜ」が効いている。「俺は辛いときががんばった→なぜがんばれたかというと、そのときこう考えたからだ→だからあなたも大丈夫、がんばれるんだと伝えたい」と。「テーマについて一番印象深い実体験を引いてきて語る→なぜでひと掘りする→最後に伝えたいことを伝えきる」。実体験を思い返したとき、一番ひっかかる点、そこが「なぜ」で掘り下げるところだ。

表現するには勇気がいる

勇気なくできる表現に、たいして面白いものはないと私は思う。でも、いきなり大きな勇気は出ない。「小さい勇気」を出そう。表現教育で一番勇気を感じるのは、意外にも、人に話をするだけで倒れそうなほど気弱な人だ。気弱な人が、伝えようとして言葉に詰まる。そこで恐《こわ》くて引っ込めてしまうか、それとも踏《ふ》ん張《ば》って、前傾姿勢をとり、言葉を出してみるか。小さい勇気の積み重ねが、いつのまにか大きな勇気ある表現になって、人を感動させている。あなたも、きょう、小さい勇気からはじめてみよう。次の「3つの基礎」が支えてくれる。

1. 経験を賭して話す。
2. なぜ、で掘り下げる。
3. 勇気を出す。

小さく・かわいく・きっちりと、伝え続けていけば、3か月後には見違える。想いは、通じる！

うまく伝わらないことを恐れなくていい

自分の話し方に自信を持っている人はどれだけいるでしょうか？
うまく伝わらなくても、気にしすぎることはありません。
話すことへの苦手意識を整理してみましょう。

中島 輝

なかしまてる＊心理カウンセラー。統合失調症やパニック障害など多数の困難を乗り越え、その経験をきっかけに独学で心理学やセラピーを学ぶ。著書に『負の感情を捨てる方法』（朝日新聞出版）、『トラウマが99％消える本』（すばる舎）等がある。

「私は自分の気持ちや考えをうまく相手に伝えることができません」という悩みを持つ方が、私のところにたくさんいらっしゃいます。このような方は、「言いたいことがあるのはわかるけど、結局何が言いたいの？」などと言われて傷ついています。そして、「私は人に理解してもらえないのではないか？」「わかってもらえないのは私の考え方や伝え方が悪いの？」と、どんどん自信を失い、寂しさや満たされない思い、怒りなどの感情が湧き上がってきます。さらに、「私の話をわかってくれないのは、相手

に能力がないからだ」「愛情がないからだ」「私への関心が薄いからだ」などと相手を責めることもあります。しかし、最終的には伝わらないことが悔《くや》しくて、やがては「うまく話せない自分」を責めてしまうようになります。

このループに迷い込むと、相手と自分を責めることを行き来してしまい、うまく伝わらない悩みが解決しないばかりか、伝えることに恐れを感じるようになります。

「きちんと伝えなければ」と思わなくていい

うまく会話ができないという人は、言葉遣いをちゃんとしなければと思ってしまうことがよくあります。そうなると、あれもこれも伝えようと思って回りくどくなったり、逆に伝えたいことだけをバシッと言って冷たい印象になったり、または相手のことも考えず一方的に話したりして空回りしてしまいます。

また、「よく見られたい」「ちゃんと理解されたい」という人は、人と自分を比べたり、自分で勝手に物事を決めつけたりして、会話が一方的になりがちです。

「考え方や感情は人それぞれ」ということを前提に会話をしましょう。そもそも、自分がちゃんと伝えたと思っても、相手には伝わっていないことのほうが多いのが当たり前なのです。そのときあなたが言いたかったことが言えれば、それだけで十分です。支離滅裂《しりめつれつ》でも大丈夫。自分の心に素直になって、伝えたいことをありのままに伝えましょう。正直な言葉が一番伝わります。

心配するほどうまく伝わらない

「ちゃんと伝わるかな」と思えば思うほど、うまく伝わらなくなります。それは、私たちの脳が思考よりも感情を優先するからです。心配すればするほど、脳は不安な感情を増幅《ぞうふく》させます。すると「ちゃんと相手に伝わるかな?」という心配が的中してしまいます。

これは会話以外でも同じことです。「怖いな」「不安だな」「心配だな」「嫌だな」というマイナス感情で脳がいつも覆《おお》われていると、マイナスの人生が近づいてきます。一方、「絶対に大丈夫」「必ず成功する」「毎日が楽しい」という感情はプラスの人生を引き寄せます。つまり、「大丈夫かな?」という心配が、「ダメかも」という行動を生み出しているのです。

うまく伝わるか心配しすぎるということは、それだけあなたが伝えることを大切に思っている証拠でもあります。相手や会話を大事にしているからこそ、不安が生まれてしまうのです。人に伝えるときに不安が出てきたら、「相手を大切に思っている私って素敵」と自分に言い聞かせながら会話をしましょう。

恐れが生じたら焦点を変える

「この間、Aさんと話したときに、まったく伝わらなかったな。しかも『結局、あなたは何が言いたいの?』って言われたな」という経験をしたときに、脳が「恐れ」をインプットすると、その後同じような状況になると自動的に「恐れ」を生じさせるという機能が脳には備わっています。なので、同じようなことがあったときは、「再び恐れが生じるかもしれない」という心の準備をしておきましょう。これだけでもストレスが軽減されます。

そして、会話で恐れを感じたときには、「この経験から、どんな新しい伝え方を得ることができるだろう?」と成長のヒントに変えることができないか考えてみましょう。恐れを手放し、新しいものの見方に焦点を変えると、伝え方の新しいアイデアが出てきます。そして、会話のコツがわかり、伝えることが楽しくなるでしょう。伝えることへの恐れは、伝え方を磨くための最大の教訓になるのです。

思考の整理整頓をする

「言いたいことがたくさんあって、何から話していいかわからなくなるんです。そうなるとパニックになります」という人がいます。この傾向のある人は、話したい内容は多くても四つか五つ程度なのに、いっぱいいっぱいになってしまいます。それもそのはず。私たちの心は、一度に二つ以上話すことがあると、「たくさんある」と認識してしまう性質があるからです。

そういう傾向がある人は、会話をする前に、「話すことリスト」を書き出してみてくださ い。書き出したら、1位、2位、3位と優先順位を決めておきましょう。これで思考の整理整頓は完了。気持ちも落ち着き、伝えたいことを正確に伝えることができるようになります。さらに、相手にもきちんと伝わるようになって、恐れからも解放されるようになります。

からまった感情を片づける

「こういう言い方でいいかな。いや、それは失礼かもしれないから、こういう言い方のほうがいいだろうか」と感情がからまっているときも、人はうまく話せません。そして、自信がないときも、「伝わらないのは自分のせいだ」と自分の伝え方を信頼できなくなります。

こういう状態のときは、次のステップで感情を片づけてから話してみましょう。

STEP 1
とらわれを捨てる

伝えることに苦手意識があるのは当然です。完璧な人間などこの世に存在しません。「人間は不完全だ」「私も不完全だ」と潔《いさぎよ》く認めましょう。そして、「うまく伝わらないのでは」という不必要な「とらわれ」は、今ここで捨ててしまいましょう。

STEP 2
感情の収納分け

ステップ1で手放せなかったとらわれは、あなたならではのこだわりとして有効利用しましょう。会話をするときに、そのこだわりが必要かどうか判断してみてください。必要ならこだわりを有効利用し、不必要なら今日のところは手放します。手放せない恐れは、「とらわれ」と「こだわり」に仕分けて、しまっておけばいいのです。これで感情がだいぶスッキリします。

STEP 3
テーマを決める

「うまく伝わらないかも」という恐れがなくなると、今の自分の会話には何が一番大切かが明確に見えてきます。一番大切なものがわかれば、それがあなたの会話のメインテーマになります。テーマが決まったら、テーマを相手に伝えてから会話を始めます。すると、あなたも相手もテーマを中心に会話を進められるので、たとえテーマが変わってもすぐに気づけるようになります。テーマを一つ話し終えたら、このステップを繰り返してください。

akiyoko/ForYourImages

日常の魔法

「伝える」「伝わる」ということ。
その愛おしさを感じるとき。

千早茜

私は言葉を覚えるのが早い子供だったそうだ。二歳になる前にはもう保育園の先生と口喧嘩《くちげんか》をするほど喋《しゃべ》れたらしい。「伝える」ということに貪欲《どんよく》だったのだろう。やがて、私はうっすらとこの世には文字というものがあることに気がついた。喋れるのだから書けるに違いない。そう思ったのだろうか、私は遠くに住む祖母によく手紙を書いた。けれど、それは丸や三角といった記号をごちゃごちゃと並べただけのもので、もちろん言いたいことが伝わるはずもなかった。絵本や漫画に印

ちはや あかね＊1979年、北海道生まれ。小学生時代の大半をアフリカのザンビアで過ごす。立命館大学文学部卒業。現在、京都在住。著書に『魚神』（小説すばる新人賞・泉鏡花文学賞受賞）『おとぎのかけら　新釈西洋童話集』（以上、集英社）等がある。

刷されている文字でなくては伝わらない。五歳ぐらいでやっとその事実に気付いた私は「文字を覚えたい！」と叫んだそうだ。それから、現在に至るまで文字を使って伝えるということに日々腐心している。

二〇〇八年の暮れに小説家デビューをして、物語を書いて生きていくことを決めた。なにもかもはじめての世界に飛び込んで、肩に力が入っていた私は小説のことばかり考えて過ごしていた。頭の中の世界がどうすれば伝わるか、その技術を磨こうと必死になっていた。

そんな頃、年の近い友人が突然倒れて入院してしまった。一昨年の夏前のことだった。

伝えたいと思う人がいて、共有したい想いがある

会う約束をしていた日の朝に「なんだかちょっと変かも」とメールが来て、そのまま音信が途絶《とだ》えた。神経に炎症が起きたため、体や視神経に麻痺《まひ》が残り、連絡できなかったそうだ。数回の転院と精密検査の末、難病の多発性硬化症と診断がおりた。後遺症は少なかったが、炎症の再発が起きれば次はどこの神経がやられるかわからない。友人はそういう恐怖を抱え

＊このエッセイは、『PHP スペシャル』2011 年 3 月号に掲載されたものです。

て生きていくことになってしまった。

病状が落ち着いた頃、お見舞いに行った。一か月余りで友人はげっそり痩《や》せてしまっていた。強い薬のせいか肌の色艶《いろつや》も失われていた。けれど、彼女は強かった。前と変わりない穏やかな微笑《ほほえ》みでゆったりと自分の病気のことを話した。悲観するでも、自暴自棄《じぼうじき》になるでもなく、現状をしっかり理解しようとしていた。そうすることで自分を保とうとするかのように。そんな彼女に「がんばって」なんてもちろん言えなかったし、なにもしてあげられない無力感でいっぱいになった。

病院を出て駅に向かっている途中、夕立がきた。激しい雨はすぐにやみ、あたたまったアスファルトから初夏の香りがむっと立ちのぼった。遠くに、入道雲が見えた。「もう外は夏だよ」そう友人にメールをうちかけて気がついた。いつも、こんなささいなメールをしていたことに。どこそこのケーキが美味《おい》しかったとか、虹《にじ》や夕焼けが綺麗《きれい》だよとか、ちょっとした失敗なんかを。彼女は必ず、短いが感情のこもった返事をくれた。きっと私は言葉通りの事実を伝えたかったわけではない。喜びや美しさを共感したかった。同じ心の震えを感じられる人がいることを確認したかった。そんな小さなことにひどく救われていた自分に気がついた。伝えたいと思う人がいて、共有したい想《おも》いがある。それが幸せということなのだと。

ふっと、点滴の跡の残る彼女の手を思いだした。あの存在は失われるかもしれなかったのだ。そう思った瞬間、意識したことのない生々しい恐怖に襲われた。一歩先にぽっかりと開いた黒い空洞が見えた。底の見えない完全な断絶。私ははじめて死というものを身近に感じた。けれど、それより恐ろしく感じたのはもうなにも伝わらなくなるということだった。

一人の想いが、水面に落とした小石の波紋のように広がっていく

お見舞いの時、なにも言えなかったけれど、心配する気持ちは伝わっただろう。これから、一緒にもっと楽しい時間を過ごせたり、時には愚痴《ぐち》を言い合ったりすることもあるだろう。まだ見たことのない空の色や景色を共有することもあるだろう。だが、体や心が消えてしまったら、もうなにも届かない。大きな力で乱暴に削り取られた崖《がけ》っぷちのように、完全に全ては断ち切られてしまうかもしれなかったのだ。「ありがとう」と思った。

日常の魔法

千早 茜

生きていてくれて本当にありがとう、と。その時、伝えたいことはその言葉だった。けれど、口にしなくても伝わっている気がした。彼女と目が合った時の私の表情で。

人は文字を使う唯一の動物で、言葉は素晴らしく便利な道具だけれど、それ故《ゆえ》に伝わらないことも多い。大切なのは言葉をこねくりまわすことではなく、言葉にならないものをなんとか伝えようとする気持ちなのだ。小さい頃の私が書いた意味不明の手紙を、祖母は読めないからといって捨てたりなどしなかった。とても喜んでいた、と母は言っていた。肩に入っていた力がすとんと抜けた。

小さな私が魅了されたように「伝わる」ということは魔法だ。たった一人だけのものだった想いがたくさんの人に流れ込んで、水面に落とした小石の波紋《はもん》のように広がっていくのだから。けれど、伝えることや表現することは特別なことではない。私たちはその奇跡ともいうべき魔法を毎日当たり前のように放《はな》っている。巧《たく》みな言葉なんか発しなくても、ただ、生きて存在しているというだけで。

日常の魔法

千早 茜

本書は、『ＰＨＰスペシャル』2011年 3月号、2013年 5月号、2014年 12月号、2016年 12月号の記事を抜粋し、再編集したものです。

http://www.php.co.jp/magazine/phpsp/

装丁――村口敬太（STUDIO　DUNK）
表紙イラスト――後藤美月

一緒にいて楽しい人、感じがいい人の話し方

2017年5月８日　第１版第１刷発行

編　　者　『ＰＨＰスペシャル』編集部
発 行 者　岡　修平
発 行 所　株式会社ＰＨＰ研究所
東京本部　〒135-8137　江東区豊洲 5-6-52
ビジネス出版部　☎03-3520-9619（編集）
普及一部　☎03-3520-9630（販売）
京都本部　〒601-8411　京都市南区西九条北ノ内町11
PHP INTERFACE　http://www.php.co.jp/
組　　版　株式会社PHPエディターズ・グループ
印 刷 所　大日本印刷株式会社
製 本 所　東京美術紙工協業組合

ISBN978-4-569-80959-5